교회

왜 교회에 가야 하는가? 교회는 무엇을 위해 존재하는가?

존 프리처드 지음·한문덕 옮김·해설

이 도서의 국립중앙도서관 출판시도서목록(CIP)은
서지정보유통지원시스템 홈페이지(http://seoji.nl.go.kr)와
국가자료공동목록시스템(http://www.nl.go.kr/kolisnet)에서
이용하실 수 있습니다. (CIP제어번호 : CIP2017009994)

교회

왜 교회에 가야 하는가? 교회는 무엇을 위해 존재하는가?

존 프리처드 지음·한문덕 옮김·해설

비아
VIA

| 차례 |

일러두기

· 역자 주석의 경우 *표시를 해 두었습니다.

· 성서 표기와 인용은 『공동번역 개정판』(대한성서공회, 1999)을 따르되
맥락에 따라 『새번역』(대한성서공회, 2004)을 병행사용하였습니다.

우리가 교회요, 교회는 우리다.
우리가 교회이기에 교회는 구도자와 방랑자의,
의지할 데 없고 고뇌하고 고통받는 사람들의,
죄인과 순례자의 공동체다.
교회는 우리이기에 죄많고 순례하는 교회다.
교회는 어둠 속에 방황하면서
온전히 하느님의 은총과 진리, 용서와 구원에 의탁하는,
온전히 하느님을 신뢰하는, 들음과 믿음의 인간 공동체이다.

한스 큉, 『교회란 무엇인가』 中

서문

오래된 이야기가 있습니다. 일요일 아침 어머니가 아들을 깨우며 말했습니다. "애야, 어서 일어나렴. 교회 갈 시간이란다." 아들은 투덜거리며 답했습니다. "엄마, 가기 싫어요." 어머니는 투정하는 아들을 부드럽게 달랬습니다. "어서 일어나야지, 일요일 아침에는 가족 모두 교회에 가는 걸 너도 알잖니?" 아들은 퉁명스럽게 반문했습니다. "왜 교회에 가야 하죠? 교인들은 저를 좋아하지 않아요. 저도 마찬가지고요." 그러자 어머니는 단호히 말했습니다. "아들아, 네가 일어나 교회에 가야 하는 이유는 두 가지야. 첫째는 네가 마흔두 살이고, 두 번째는 네가 신부이기 때문이지!"

교회에 잘 다니는 교인도 때로 일요일 아침 매번 힘겹게 침대에서 빠져나와 아이들을 준비시킨 뒤 교회에 가야 하는지 의문을 던지곤 합니다. 그보다 더 즐거운 일도 많으니 말이지요. 예배를 가더라도 소소한 짜증을 불러일으키는 게 한둘이 아닙니다. 설교는 수준 미달이기 십상인 데다, 이런 예배를 한 시간가량 드리고 난 뒤 커피 한 잔과 함께 비스킷을 먹으며 휴식을 취하고 있는데 아이 중 한 명이 사라졌다는 사실을 알게 됩니다. 화가 머리끝까지 치밀고 몸과 마음은 기진맥진해집니다. 좌절감이 밀려오고, 별생각이 다 떠오릅니다. '그냥 평범한 삶에 만족할 줄 아는 비신앙인으로 사는 게 더 낫지 않을까? 일요일 아침 침대에 파묻혀 있다 느지막이 식사를 하고 여유 있게 신문이나 TV를 보며 다가올 한 주를 준비하는 게 더 낫지 않을까?'

이 책은 바로 이런 분들, 계속 교회에 다녀야 할지 고민하는 분들과 교회에 한번 가볼까 하는 분들을 돕기 위한 책입니다. 요즘과 같은 시기에 교회에 가는 것은 지금까지 이어오던 습관을 바꾸는 것보다 더 큰 결단을 필요로 합니다. 이 책에서는 교회에 가는 일이 그만큼 가치 있는 일임을 이야기하고자 합니다. 교회에는 그럴만한 가치가 충분히 있다고 저는 확신합니다. 하지만 교회에 갈 때 아무런 문제도 생기지 않는다고는 생각하지 않습니다. 이 책에서는 교회에 다니며 생기는 여러 문제를 정직하게 다룰 것입니다.

또한 이 책에서는 왜 교회에 가야 하느냐는 물음에 다양한 답변을 시도할 것입니다. 저는 교회를 다닐 때 발생하는 어려움을 결코 작게 보지 않습니다. 그렇기에 답변을 하면서 신앙인만큼이나 회의주의자의 입장도 충분히 고려하고자 했습니다. 그러나 이 모든 것에 앞서 제가 얼마나 교회에 애정을 갖고 이 문제를 다루고 있는지 이 책을 읽는 분들에게 충분히 전달되기를 바랍니다. 저는 교회를 사랑합니다. 교회는 저에게 크나큰 기쁨을 주었고 깊은 우정을 쌓게 해주었으며 다양한 지적 자극 또한 주었습니다. 무엇보다도 저는 교회를 통해 하느님을 아는 특권을 얻었습니다.

여기 크고 오래 된 배가 있습니다.
이 배는 낡아서 삐걱거리며, 상하좌우로 심하게 요동칩니다.
그래서 당신은 이따금씩 이 배를 타야하나 고민하기도 합니다.
그러나 이 배는 자기가 갈 길을 갑니다.
지금까지 그래 왔고, 앞으로도 시간이 끝날 때까지 그러할 것입니다.

J.F.파워스, 『푸르게 움트는 밀』中

01

교회에 다니지 않는 이유

얼마 전까지만 해도 그리스도교인들은 교회에 다니지 않는 사람들과 견주었을 때 자부심을 가질 수 있었습니다. 자신들은 예수 그리스도의 피로 죄 씻음을 받았다고 생각했기 때문입니다. 그래서 전도를 하며 사람들에게 교회에 가서 죄의 문제를 해결하라고 자신만만하게 제안하곤 했습니다. 그럴 때면 사람들은 이런저런 핑계를 댔습니다. "어릴 때 이미 씻었어요." "요즘에는 너무 바빠서 씻을 시간이 없어요." "전에는 자주 씻었지만 언젠가부터 귀찮아졌어요. 이제는 안 씻습니다." "성탄절이나 부활절과 같은 특별한 날에는 씻어요." "제 주변 사람들은 제가 안 씻어도 아무도 뭐라고 하지 않더라고요."

하지만 지금은 그 옛날처럼 그리스도인들이 자부심을 품고 전도를 할 수 없게 되었습니다. 죄 씻음의 논리만으로 전도하는 것은 너무 단순하게 보입니다. 요즘 비신앙인들은 저렇게 단순한 이유를 대며 교회 나오기를 거부하지는 않습니다. 교회를 찾지 않을 이유는 훨씬 많아졌습니다. 사정이 바뀐 것이지요. 상식이 있고 합리적 판단을 하며 품위 있는 다수 현대인은 일요일 아침 온 가족이 교회에 가는 것이 적절치 않다고 여깁니다. 왜 그럴까요? 먼저 이 문제를 집중적으로 다루어보도록 하겠습니다. 교회를 향한 이런저런 비판에 응하기 전에, 먼저 우리는 교회를 탐탁지 않게 여기는 사람들의 시선을 분명하고도 정직하게 마주해야 합니다. 물론 저는 그러한 이유를 들어 교회에 갈 필요가 없다는 생각에 동의하지 않습니다. 우리에게는 좀 더 할 수 있는 이야기들이 있습니다. 이 부분에 관해서는 책 마지막에서 다루도록 하겠습니다.

(1) 저는 하느님을 믿지 않습니다.

하느님을 믿지 않기에 일요일 아침 침대에 머무르겠다는 말은 교회에 가지 않을 가장 타당한 이유로 보입니다. 하느님을 믿지 않는 이에게 자신이 믿지도 않는 무언가를 경배하는 것은 시간 낭비처럼 보입니다. 어떤 사람은 교회에 가는 것이 산타할아버지가 있다고 생각하고 벽난로 위에 카드를 남겨 소원을 빌거나, 황새가 아기를 물어다 준다는 속담을 믿고 새의 흔적을 찾아 헤매는 것이나 마찬가지라 여길지도 모르겠습니다. 하지만 누군가가 하느님을 믿지 않아서 교회에 가지 않는다고 말할 때, 그 말을 정말 신중하게 쓰고 있는지 살필 필요가 있습니다. 우리는 모든 것을 알지 못하기 때문입니다. 세상에는 하느님을 믿어야 할 여러 훌륭한 이유가 있습니다. 그중에는 지적인 이유도 있으며 이를 정직하게 살펴보는 것은 가치 있는 일입니다. 인생을 살다 보면 어린 시절 확신했던 것들이 나중에 뒤집히는 경우가 허다합니다. '사십 대 이후는 인생의 내리막길'이라든지 '우리 부모님은 이걸 절대 이해 못할 거야'와 같은 생각들이 그렇지요. 어린 시절에 했던 생각은 세월의 흐름을 따라 점점 바뀌기 마련입니다. 그 흐름에는 몇몇 전환점이 있으며 이 전환점들은 인생을 통틀어 매우 중요한 부분이 됩니다. 하느님을 믿는다는 것은 그 전환점 중 하나가 될 수 있습니다. 저명한 철학자 앤터니 플루Antony Flew는 하느님의 존재를 인정하지 않는 무신론자로 오랜 기간 활동했지만 생애 후반에 이르러 하느님의 실재와 필요성을 확신하게 되었습니다. 오늘날 그는 최고의 지적 존재Supreme Intelligence가 있어야 생명의 기원과 자연의 복잡성을 가장 잘 설명할 수 있다고 말합니다.[1] 이처럼 하느님을 믿지 않던 사람도 언제든 회심을 통해 삶이 바뀔 수 있습니다.

(2) 선택할 수 있는 자유의 시대에 교회는 억압적인 기관이에요.

전반적으로 1960년대부터 사람들이 교회를 떠나기 시작했습니다. 이후 사람들은 사라지는 교회들을 목도하며 교회를 고통스러운 종말을 맞이한 여러 억압적인 기관 중 하나라 말했습니다. 교회는 더는 사람들의 영적인 욕구를 감당하는 데 적합하지 않다고도 말했습니다. 이와 같은 맥락에서 록그룹 U2의 보컬인 보노Bono는 말했습니다.

나는 종교를 갖지 않을 것이다. 나는 완전히 반종교적인 사람이다. 내게 종교란 어떤 모임, 특정 교파를 가리키는 용어일 따름이다. 나는 이런 것에 관심이 없다. 나는 하느님을 인격적으로 경험하는 것에만 관심한다(흥미롭게도 이 발언을 한

---

[1] Anthony Flew, *There is a God* (New York: HarperOne, 2007). 『존재하는 신』(청림출판 역간)

이후 그는 자신이 주도하는 인권 운동에 교회가 매우 중요한 동반자로 참여하고 있음을 알게 되었습니다. 이 사실에 그는 멋쩍어하며 말했습니다. "나는 교회에 다니는 이 사람들을 좋아하기 시작했다").

많은 사람이 교회를 인간의 자유를 제한하고 억압하는 곳으로 여깁니다. 그들은 교회가 윤리적인 측면과 교리적인 측면에서 지나치게 완고한 태도를 유지한다고 말합니다. 이런 이들에게 교회는 윤리적으로 쟁점이 되는 문제에서 보수적인 태도를 고수하고 그러한 관점을 사회 전체에 강요하려는 권위적인 집단, 공감 능력을 상실하고 시대에 뒤처지며 별다른 호감도 불러일으키지 않는 집단에 불과합니다. 이러한 상황에서 교회에 가야 하는 이유, 교회 활동에 참여해야 하는 이유가 있을까요?

(3) 한때 교회에 다녔지만 지금은...

성직자나 사목자가 자주 듣는 말입니다. 오늘날에는 한때 교회에 갔으나 언제부턴가 가기를 그만둔 사람이 많습니다. 어느 누구도 교회를 소개해 주지 않아 교회에 다닐 기회조차 얻지 못한 사람도 있고, 이사를 했는데 어쩌다 보니 다닐 만한 새로운 교회를 찾지 못해 발걸음을 멈춘 이도 있습니다. 교회에서 일어난 심각한 다툼에 지친 나머지 교회 문 앞에는 얼씬도 하지 않게 된 이도 있습니다. 사목자와 관계가 틀어져서, 교회에서 너무 많은 일을 도맡아 하다 지쳐 교회를 찾지 않게 된 이도 있습니다. 이혼하고 난 뒤, 교회에 다니는 다른 사람들의 시선 때문에 발길을 끊게 된 이도 있습니다. 이유는 많고도 다양합니다.

게다가 삶이 복잡해진 탓에 주말은 가족과 온전히 함께할 수 있는 유일한 시간일 때가 많습니다. 이 시간에 교회에 가느냐, 아니면 가족 구성원의 요구를 충족하느냐 하는 문제는 오늘날 심각한 딜레마입니다. 또는 교회가 너무 보수적이어서, 혹은 너무 권위적이어서 내 삶에 심각한 문제가 발생할 때, 즉 우울증, 사별, 해고 등과 같은 일을 겪을 때 아무런 도움도 주지 않는다면, 그런데도 교회가 아무런 변화도 하지 않은 채 기존의 모습을 유지하고 있다면 교회에 가기란 어려운 일일 것입니다.

무엇보다 안타까운 것은 누군가 정직한 물음과 의심을 가졌을 때, 그 질문들을 수면 위로 끌어내어 그 사람이 성숙한 방식으로 물음과 의심을 해결할 수 있도록 돕는 길을 교회가 제시하지 못한다는 것입니다. 이렇게 되면 교회가 말하는 그리스도교 신앙은 설득력을 잃고 맙니다. 많은 이가 불가지론

자로 자리를 옮기고 있습니다.

(4) 교회에서만 얻을 수 있는 게 뭔지 잘 모르겠어요.

어려운 문제입니다. 신비로운 하느님의 손길을 교회에서 느끼지 못한다면, 우리를 넘어선 무언가를 향한 암시를 발견하지 못한다면, 낯선 곳에서 들려오는 세미하지만 사랑이 넘치는 속삭임을 들을 수 없다면, 교회에서 특별히 얻을 수 있는 게 무엇인지 알기란 어렵습니다. 물론 저런 일들은 온종일 식당에서 여유롭게 점심을 먹거나, 공원 벤치에 앉아 꾸벅꾸벅 졸며 경험할 수 있는 건 아닙니다. 하느님을 향한 갈망을 우리가 만들어낼 수는 없습니다. 한편 오늘날에도 많은 사람이 음악을 듣다가, 산을 오르다가 자신의 내면에서 일어나는 영적 욕구와 같은 무언가를 발견한다는 사실을 알아두어야겠습니다. 그리스도교인이라면 주변에 한밤중에 무엇인가 자신의 내면의 문을 두드리는 경험을 한 사람이 있는지, 무의식적으로 '감사합니다'라고 말하고픈 갈망을 지닌 이가 있는지, 내면의 풍경을 살피고자 하는 이가 있는지 그리고 그러한 움직임을 방해하는 것에는 무엇이 있는지 관심을 가져야 합니다. 대안적인 이야기는 바로 이러한 관심에서 나올지도 모르겠습니다.

(5) 예배가 끔찍해요.

　예배 때문에 교회에 가지 않는다는 것은 심각한 문제입니다. 언젠가 저도 끔찍한 예배를 경험한 적이 있습니다. 다양한 이유로 그 날 예배는 끔찍했다고밖에 말할 수 없었습니다. 성가대의 합창은 귀를 괴롭게 했고, 찬양팀의 찬양은 틈만 나면 고장이 나는 오르간을 억지로 연주하는 듯했습니다. 젊은 교인들로 구성된 찬양팀은 현대적인 색깔을 입힌 노래를 열정적으로 불렀지만 노래를 듣는 교인들, 특히 나이든 남성 신자들은 눈을 찌푸리기 일쑤였습니다. 그러한 반응에도 아랑곳하지 않고 찬양팀은 노래를 이어갔지요. 그 날 성서 구절은 대부분 신자가 모르는 구절이었고 기도 역시 지루하기 그지없어서 온갖 벽에 가로막힌듯한 느낌이 들 정도였습니다. 설교는 누군가를 서투르게 흉내 내는 것 같았고 내용도 단순하기 이를 데 없어서 지금 이 세계를 다시 보게 해주는 어떠한 일깨움도 가져다주지 못했습니다. 성서 해석은 치밀하지 못했고 듣는 이에게 어떠한 정보나 새로운 통찰도 전하지 못했습니다. 예배를 마친 후 '커피와 함께 하는 친교의 시간'이라는 정감 어린 시간이 있었지만, 처음 교회에 온 사람에게 이 시간은 어색하고 민망하게 혼자 있는 것을 견디는 일종의 훈련 시간처럼 느껴졌을 것입니다. 이런 교회가 성장한다면 그게 더 놀라운 일이겠지요. 오히려 우리는 교인들이 왜 이러한 부분에 문제의식을 느끼지 않는지 관심을 가져야 할지도 모릅니다.

한 여성이 세례받은 지 이십 년이 지나 다시금 교회를 찾았습니다. 하지만 또다시 교회를 떠나며 그녀는 두 번 다시 교회를 찾지 않겠다 말한 뒤 교인들에게 종이 한 장을 내밀었습니다.

여러분은 저에게 말하는 법, 좋아하는 음악, 제가 누군가의 말을 들을 때 할애하는 시간, 어울려 지내는 사람, 체온, 앉는 의자의 종류, 입는 옷, 유머 감각을 바꾸라고 했습니다. 또한 여러분은 제가 예배를 드릴 때 언제 일어나고 언제 앉아야 하는지, 언제 무릎 꿇어야 하는지 알기를 바랐지요. 저는 변화할 준비가 되어있습니다. 그러나 여러분이 바꾸라고 얘기한 것들과 제 삶이 어떤 식으로 연결되는지 저는 도무지 모르겠습니다.

누군가에게 급작스러운 변화를 요구하면 분위기는 냉랭해질 수밖에 없습니다. 언젠가 한 교회 관리인은 주교가 그 교회를 방문했을 때 '교회를 돌아가게 하는 것은 관성의 법

칙뿐'이라고 말했다고 합니다.

상점에 진열된 상품을 보여주는 진열창처럼 주일 예배는 교회를 보여주는 창문입니다. 예배에는 참여하는 이의 삶을 돌이킬 수 있게 하는 힘이 있습니다. 동시에 혐오감을 일으켜 다시는 교회를 찾지 않게 하는 힘도 갖고 있습니다. 교회에 다니는 이라면 예배란 하느님과의 만남이며 하느님은 예배에 참여하도록 모든 사람을 부르신다는 것, 단순히 그리스도교인만 즐기는 행사가 아니라는 점에 동의할 것입니다. 그렇기에 교회는 구성원들이 할 수 있는 한 최고의 수준으로 예배를 기획하고 진행해야 합니다. 교회는 교회를 찾는 이들에게 진품을 제공해야 합니다.

(6) 교회는 너무 춥고 으스스해요.

이 문제에 대해서 당장 많은 것을 할 수는 없습니다. 대부분의 교회는 이미 운영을 위해 상당히 큰 비용을 지출하고 있습니다. 물론 어떤 교회는 스탈린이 디자인한 것이 아닐지 의아할 만한 모양새를 하고 있습니다. 난방은 북극에 있는 냉각회사가 만든 게 아닐까, 조명은 '어둠의 자식들'이라는 회사에서 만든 게 아닌가 싶을 때도 있습니다. 교회 안에 들어가면 마치 감옥에 있는 것 같은 생각이 들 정도로 조야

한 실내 장식으로 채워져 있을 때도 있지요. 어떤 교회에 가면 한 50년 전에 있던 공간으로 들어간 것만 같은 느낌을 줄 때도 있습니다.

한때 시내 중심가에 있는 은행들은 자신들의 튼튼함과 안전함을 알리려고 건물을 대리석 기둥들로 채우고 넓은 홀을 배치했습니다. 하지만 최근에는 고객 한 사람 한 사람을 우대한다는 점을 강조하기 위해 내부 디자인을 대폭 바꾸었습니다. 서비스도 바뀌어 은행에 가면 직원들이 따뜻한 커피와 함께 매우 호의적인 태도로 고객을 대하지요. 이처럼 교회도 시대의 흐름에 맞추어 변화할 필요가 있습니다. 그러나 교회는 은행보다 훨씬 더 복잡한 문제를 고려해야 합니다.

교회가 다른 건물들과는 다른 독특한 모습을 하고 있다는 건 교회의 장점이 될 수 있습니다. 잉글랜드 성공회에는 16,000여 개의 교회 건물이 있습니다. 그중 13,000개는 역사적으로, 건축학적으로 중요한 의미가 있다고 평가받지요. 하지만 현실에서 사람들은 오래된 교회들의 화장실, 주방시설, 난방시설, 조명, 음향시설을 대폭 바꿔야 한다고 말합니다. 교회에 비치된 장의자들은 옛날 학교 교실에 학생들이 빽빽이 앉았던 것처럼 교인들이 빽빽이 줄지어 앉아 앞사람의 뒤통수 말고는 아무것도 볼 수 없게 만듭니다. 하느님이 교회

정면에 있는 벽 어딘가에 계신 것처럼 해놓은 이런 배치는 교인들이 앞쪽만 바라보게끔, 예배가 일방적으로 진행되게 만들 수 있습니다. 어떤 교회 예배당 뒤편에는 지난달 행사에서 사용했던 홍보자료들이 잔뜩 쌓여있기도 합니다. 17세기 언어로 쓰인 기도문, 19세기 언어로 쓰인 찬양을 수록한 옛 책들이 쌓여 있어 마치 자선 바자회라도 하고 남은 것처럼 보이기도 합니다.

이러한 풍경은 마치 사람들에게 암묵적으로 어떤 메시지를 전하는 것처럼 느껴집니다. 누군가는 이런 교회의 모습을 보면서 아래와 같은 메시지를 발견할지도 모르겠습니다. '간섭하지 마시오. 교회에 다니려면 아무런 말도 하지 마시오. 우리는 나름대로 최선을 다하고 있소. 그나저나 여기에 헌금함이 있으니 헌금을 하시오.'

(7) 교인들은 내가 좋아하는 부류의 사람들이 아니에요.

어려운 문제입니다. 당신이 축구를 좋아한다면 축구 경기가 열리는 토요일에 술집에서 적당히 맥주를 곁들여 마시면서 좋아하는 팀을 열렬히 응원하는 데 시간을 보낼 것입니다. 그렇게 토요일 밤을 보내고 다음 날 아침 교회에 가면 당신은 무언가 어색함을 느끼고 소수 집단에 속한 것만 같은 기분을 받을 수 있습니다. 이러한 기분은 충분히 이해할 수 있습니다. 어떤 작가는 교회에 다니는 사람들의 특징을 아래와 같이 풍자했습니다.

교회에 가는 사람들은 모두 호주 드라마에 등장하는 성격 좋은 배우처럼 보인다. 유행이 약간 지난 저렴한 옷을 입고 판에 박은 듯한 미소를 짓고 있다. 내가 교회에 갔을 때 옆에 앉아 있던 한 남자는 자신의 옷차림에는 전혀 신경을 쓰지 않는 것 같았다. 그는 연갈색 재킷에 회색 바지를 입고, 짧게 자른 머리를 하고 있었다. 다른 한편에 있던 어떤 여자는 종아리를 덮는 어정쩡한 길이의 꽃무늬 원피스를 입고 있었다. 교회에 있는 사람 중 집에서 채식을 한다거나 철학책을 읽는다거나 술 한잔하며 근사한 유머를 주고받을 수 있는 사람은 단 한 사람도 없는 것 같았다. 내기를 해서 돈을 걸 수도 있을 것만 같았다. 교회에 다니는 사람들은 내가 절대로 만나고 싶지 않은 부류의 사람이다.[2]

교회에 한번 왔다 간 사람이 한눈에 알아채기는 어려웠겠

---

2 William Leith, *Independent on Sunday*, 1992.

지만 교회에는 철학 교수가 있을지도 모릅니다. 교회에 다니는 몇몇은 분명 채식주의자일 것입니다. 저 글을 쓴 작가가 조금만 더 관심을 기울였다면 교인 중에 뭐라 할 수 없을 만큼 존경할 만한 삶을 살았던 이가 한두 명쯤 있다는 사실 또한 발견할 수 있을 겁니다. 하지만 이러한 지적에도 일리는 있습니다. 대다수 교인은 대체로 평범한 모습을 하고 있고, 눈에 띄지 않는 옷차림을 하고 있습니다. 때때로 괴짜들도 있지만 말이지요.

(8) 교회가 뭘 하는 곳인지 잘 모르겠어요.

가끔 저는 한 번도 술집에 가본 적이 없는 사람이 오래된 술집에 갔을 때 어떤 인상을 받을까 상상을 하곤 합니다. 예사롭지 않은 옷을 입은 남자들이 무리를 이루어 서로 신호를 주고받은 뒤 자리에서 일어나 테이블 주위를 세 번쯤 돌다 자리에 앉아 조용히 노래 한 소절을 부르고 다시 앉습니다. 정적이 맴돌다 또 다른 한 사람이 일어나 전혀 이해할 수 없는 고대 문헌을 읽고 일정한 시간이 지나면 다같이 한목소리로 어색하게 노래를 부릅니다. 이러한 일들이 한 시간 정도 이어진다면 저는 그곳에서 탈출해 무슨 일이 일어나는지 예측 가능한 일상세계로 돌아온 것에 안도감을 느낄 것입니다.

과장된 면이 있긴 하나, 누군가 처음으로 교회에 가서 예배를 드린다면 그는 이런 오래된 술집에 간 것만 같은 느낌을 받을 수 있습니다. 몇 년간 발길을 끊다가 교회에 되돌아와 예배를 드리면 어디서 어떻게 해야 할지 몰라 난감할 수 있으며, 낯설고 이상한 곳에 있는 것 같은 기분이 들지도 모릅니다. 때로는 다른 이들로부터 소외된 것 같아 울적한 마음이 들 수도 있습니다. 교회를 처음 찾는 이들은 더욱 그렇습니다. 위화감과 당혹감을 느낄 수 있습니다. 이들 중 많은 이가 교회의 규칙을 모릅니다. 사람들이 이런 교회를 향해 자신을 위한 자리가 어디에 있느냐며 묻는 건 지극히 자연스러운 일입니다.

교회에 가는 것을 두고 많은 사람이 제기하는 질문들은 결코 과소평가할 문제가 아닙니다. 몇몇 비평가가 지적했듯 현대는 그 어떤 시대보다 더 비극적인 시대일 수 있습니다. 사람들은 이전보다 더 자신의 영적인 필요를 잘 알고 있는 반면 마땅한 답은 찾지 못하고 있기 때문입니다. 타임지The Times에서 제인 실링Jane Shilling은 말했습니다.

잉글랜드 성공회가 사면초가에 몰려서 점점 더 작아지고 있는 영향력을 회복해야 한다고 생각하는 것은 기이해 보인다.

교회가 필사적으로 다가가려 하는 이들, 18~30세에 해당하는 이들은 영적인 필요에 대한 자신들의 감정을 명확하게 표현하고 있기 때문이다. 영성에 대한 갈망은 완벽한 몸, 완벽한 가정, 완벽한 아이를 만들려 하는 강박적인 기능주의나 풍수, 요가, 단식 같은 모호한 신비주의로는 채워지지 않는다. 몇몇 에피소드에서 간헐적으로 대안적인 영적 훈련을 보여 준 Ab Fab 시리즈를 전부 본다고 해도 마찬가지다. 문제는 공공연하게 드러나 있다. 최첨단 음향 시스템의 목표는 수도원에서 경전을 낭송하는 소리와 유사한 소리를 구현하는 것이다. 여전히 많은 사람이 수도원에 피정을 하러 간다. 많은 사람이 자신이 가진 종교와 무관하게 아기 천사가 그려진 마우스패드를 구입한다. … 영성은 사람들에게 정말 필요한지 알 수 없는 새로운 운동화나 스포츠 이온음료가 아니다. 사람들은 자신의 영적 필요가 충족되기를 바란다. 이를 간절히 원한다. 교회가 해야 할 일은 바로 이 영성을 전달하는 것이며 어떤 면에서는 그것이 전부다. 그러나 교회는 이 점을 충분히 깨닫지 못하고 있다.[3]

---

[3] Jane Shilling, *The Times*, 2001.

어떻게 된 일인지 오늘날 교회는 사람들의 영적 필요와 접촉점을 찾지 못하고 있습니다. 우리는 교회를 부분적으로 손질한다면 사람들의 마음 깊은 곳에서 일어나는 갈망을 충족할 수 있으리라 가정합니다. 그러나 오늘날 교회는 그보다 훨씬 더 심각하게 병들어 있습니다. 우리는 너무나 오랜 시간 마냥 잘 될 거라는 선의만 갖고서 일을 진행해 왔습니다. 사람들이 하느님과 만나기를 바라고 있을 때 우리는 교회의 가구를 바꾸고, 모습을 바꿨습니다. 일종의 허상, 과거의 안전이라는 부둣가에 우리가 머무르고 있는 동안 사회, 문화라는 배는 정박지를 떠났습니다.

그러나 저는 여전히 교회야말로 하느님과 사람을 잇는 연결점임을, 이와 관련한 깊은 물음을 이끌었으며 여전히 이끌고 있는 곳임을 확신합니다. 교회는 공동체에서 일어나는 많은 문제, 영성, 문화와의 관계, 인간을 인간으로 만들어주는 자유 등과 같은 문제에 관해 적극적으로 씨름해 왔습니다. 여전히 많은 곳에서 교회는 활기찬 모습으로 움직이고 있다고 저는 믿습니다. 단지 충분히 알려지지 않았을 뿐입니다.

전 세계 수백만 명의 사람이 여전히 정기적으로, 적극적으로 교회를 찾습니다. 이들이 모두 어떤 나쁜 영향을 받는 것 같지는 않습니다. 그들은 그곳에서 고통을 받지 않습니다. 많은 이가 여전히 그곳에서 놀라운 자유를 누리며, 삶을 살아가게 해주는 활력을 얻습니다. 이 모든 것을 염두에 두고 우리는 다시 한번, 사람들이 교회를 찾지 않는 이유에 대해 생각해 보아야 합니다.

교회는 그리스도의 처음 오심과
재림 사이에 놓인 길을 가고 있습니다.
다시 오실 주님을 향한 순례의 길을 가고 있는 것입니다.
교회는 이 순례의 여정 중에
자신에게 어떤 일이 일어날지 알지 못합니다.
그러나 확실한 것은 이 순례의 종착지에는
세상의 주이신 주님께서 서 계시다는 것입니다.

에드문드 슐링크, 룬트 신앙과 직제 위원회에서 행한 연설 中

나는 교회에 가면 위를 보고, 주위를 보고,
밖을 보고, 안을 보았다.
어느덧 나는, 성에 차지 않는 것들을
그저 참고 봐준다는 심정으로 교회에 다니는 사람에서
교회를 사랑하려는 사람이 되어 있었다.

필립 얀시, 『교회, 나의 고민 나의 사랑』 中

02
—
왜 교회에 가야 하는가?

교회에 갈만한 가치가 있느냐고 묻는다면, 저는 분명 그렇다고 답할 것입니다. 하지만, 그렇기에 몇 가지 문제가 있습니다. 교회에 가는 것은 곳곳에 덫이 놓여 있고 난처한 상황으로 가득한 곳에 가는 것입니다. 교회에 가는 일에는 위험 부담이 따릅니다. 그럼에도 이 세계에서 평범하기 그지없는 무수한 사람이 교회를 찾습니다. 오늘날에도, 그리고 이후에도 사람들이 교회에 가는 일을 막을 수는 없어 보입니다. 약 20억 명의 사람이 예수 그리스도와 그가 살았던 삶의 방식을 자기 정체성으로 삼고 있으며 그 중 상당수가 정기적으로 교회에 다니고 있습니다. 과연 무엇 때문일까요?

(1) 우리는 삶이라는 여정을 걷고 있기 때문이지요.

삶이라는 여정을 걷는다는 것은 이런 게 아닐까요? 대부분의 나날을, 우리는 감사하게도 그럭저럭 잘 지냅니다. 가르침을 받고, 일을 하고, 인생의 동반자를 만나 함께 살 집도 장만합니다. 그 와중에 어떤 일이 일어납니다. 그 일은 아이가 태어나는 사건일 수도 있고, 부모님이 세상을 떠나는 일일 수도 있습니다. 우리는 갑작스레 병을 앓을 수도 있고, 일자리를 잃게 될 수도 있습니다. 이런 일들은 자연스럽게 흘러가던 시간을 가로막고, 견고하기만 할 것 같던 삶에 균열을 냅니다. 삶에 균열이 가면 우리 시야는 꽃 한 송이조차 눈에 들어오지 않을 정도로 어두워집니다. 삶의 목적, 의미에 관한 물음이 자연스레 솟아납니다. 이때 우리는 멈추어 돌이켜서 자기 자신을 조사 대상으로 세우고 면밀히 살펴보아야 합니다. 올바른 물음을 던질 수 있는 곳, 자기 자신을 살필 수 있는 곳이 어디일까요? 그렇게 하기 위해서는 어디로 가야 할까요? 아마도 교회일 것입니다.

많은 사람이 인생을 나그넷길이라 부르듯, 우리 삶에는 여행, 여정이라는 모티브가 짙게 드리워 있습니다. 대부분의 사람은 인생을 '지금, 여기'에서 새로운 질문과 과제를 부여받아 새로운 어디로 나아가는 것으로 이해합니다. 칼 융Carl

Jung은 인생을 마무리하는 시기에 접어든 이들에게 가장 중요한 과제는 삶을 해석하는 법, 그리고 그 영적 의미를 찾는 것이라 말한 바 있습니다. 이러한 삶의 여정에서 장애물을 만났을 때, 갈림길에 서서 멈출 수밖에 없을 때, 새로운 국면의 풍경으로 나아갈 때, 그 곁에 교회가 있습니다.

(2) 삶을 살아가는 데 필요한 틀을 제공해주기 때문이지요.

21세기 초는 자유freedom와 정직honesty이라는 가치로 특징지을 수 있습니다. 덕분에 인류는 분명 커다란 수확을 얻었습니다. 인터넷은 지식과 정보량을 폭발적으로 늘렸습니다. 새로운 기술 덕분에 우리는 거실에서 전 세계에서 일어나는 일들을 알 수 있게 되었습니다. 의료기술 역시 획기적인 발전을 이루었으며, 사람들은 이로 인해 혜택을 입으리라는 새로운 기대와 희망을 품게 되었습니다. 또한 소수자들을 덜 위선적이면서도 더 열린 마음으로 세심하게 배려할 수 있게 되었습니다.

다른 한편 우리 삶 전반에 미친 '미래의 충격'으로 생활의 모든 부분이 급격하게 바뀌었습니다. 이러한 변화에 따라 많은 사람은 당혹스러워하며 혼란을 겪고 있습니다. 어떤 일들은 우리 삶을 벼랑 끝으로 내모는 것 같기도 합니다. 기후 변화, 생물학적인 테러, 핵폭탄 문제, 정도를 넘어선 나노 과학 기술은 우리 세계가 다시금 태초의 혼돈 상태에 빠질지도 모른다는 불안과 염려를 불러일으킵니다.

오늘날 우리는 앞 세대에서는 생각조차 하지 못한 윤리적인 질문들을 매일 마주하고 있습니다. 많은 부분에서 우리는 우리의 도덕적이고 영적인 능력을 어떻게 사용해야 할지 고민하게 되었습니다. 빠르게 변화하는 이 세계에서 많은 사람이 온전한 정신을 유지할 수 있게 해주는 사유 방식과 행동 양식, 가치의 틀을 찾기 위해 다시금 교회를 찾습니다. 이는 당면한 과제를 회피하는 일이 아닙니다. 사람들은 교회에서 고대부터 내려온, 오랜 시간 영혼을 돌보는 법을 익히며 개인의 몰락, 기업의 파산에서 자신을 건져 줄 깊은 지혜를 찾습니다. 이러한 일은 과거에도 끊임없이 일어났습니다. 세기마다 사람들은 그리스도교 신앙을 새롭게 발견하고서는 그동안 왜 자신들이 이를 알지 못했는지 의아해했습니다.

(3) 시시하고 평범한 문화로 가득한 이 시대에 도덕적 진지함을 느낄 수 있는 곳이니까요.

현대 문화는 모든 이야기, 심지어 심각한 주제를 다루는 토론조차 오락거리 수준으로 축소하는 경향이 있습니다. 이러한 문화의 불합리한 과잉현상에 많은 사람은 지쳐있습니다. 어떤 면에서 우리는 우리 자신을 죽음으로 내몰고 있습니다. 오늘날 문화, 특히 언론은 순전히 돈에 기대어 유명 연예인과 관련된 소식이 윤리적인 문제보다 훨씬 더 중요한 것인 양 다루고 있습니다. 당장 구명정을 내려야 하는 타이타닉호에서 사람들이 칵테일을 즐기고 있다는 기후학자들의 경고는 묵살됩니다. 신문 가판대에는 우리가 진지하게 살펴야 할 문제보다는 누군가의 사생활을 세세하게 들추어낸 소식들만을 다룬 잡지들이 가득합니다. 그러는 사이 배는 가라앉고 있습니다.

이러한 상황에서 교회는 사회 문제, 정치 사안에 관해 사려 깊고 신중하면서도 긍정적인 성찰을 주는 진지한 토론자 역할을 할 수 있습니다. 물론 모든 사람이 교회의 이러한 역할을 인정하지는 않습니다. 세속주의자들은 종교가 공적 영역과 관련한 문제에 관여하지 말아야 한다고 주장합니다. 그러나 대다수 사람은 위대한 신앙 전통들이 오늘날에도 무시할 수 없는 깊은 지혜를 갖고 있으며 종교와 정치는 모두 공동의 선을 추구하기 때문에 서로 밀접하게 연결되어 있음을 알고 있습니다. 그렇기에 교회는 중요한 사회 윤리 문제들을 다룰 수 있는 좋은 공간이 됩니다. 그것이 어떠한 식으로 이루어지든 간에 빅 브라더(정보의 독점으로 사회를 통제하는 관리 권력, 혹은 그러한 사회체계를 일컫는 말)보다는 나을 것입니다.

(4) 교회는 공동체를 상실한 문화 속에서 공동체를 정직하게 세우기 위해 노력하기 때문이지요.

오늘날 사회는 각자의 관심사를 따라 묶인 모임들로 파편화되었습니다. 교회는 우리의 인간성을 왜곡하는 장벽들, 파편화하는 사회 흐름에 맞서, 각기 다른 세대를 아우르고 환대하며 인류 유산이 지닌 다양성을 살리는 공동체를 세우기 위해 진실한 시도를 하는 공간입니다.

자신과 전혀 무관해 보이는 낯선 누군가를 그리스도 안에서 형제자매로 대하고, 자신과 사뭇 다른 정치적 견해와 신학적 관점을 지닌 이와 한 곳에서 함께 예배를 드리게 함으로써 교회는 오늘날 사회를 지탱하기 위해 필요한, 더 나아가 인류의 미래를 위해 필요한 근본적인 무언가를 구현합니다. 우리는 이 복잡한 행성에서 함께 살아가는 법을 익혀야 합니다. 교회에서 우리는 다양한 지적 수준을 지닌 사람들을 만납니다. 각양각색의 사회 배경을 지닌 사람들을 만납니다. 평소에는 함께 식사를 하기는커녕 마주칠 일조차 전혀 없을 사람을 우리는 교회에서 만납니다. 교회에는 성공한 기업가도 있고 노동자도 있으며 한때 악명 높은 죄수였던 이도 있고 드물게는 성자와 같은 인품을 지닌 사람도 있습니다. 교회에는 활동가도 있으며 사색가도 있습니다. 교회에는 이상주의를 품고 있는 젊은이와 대다수의 기억에서 사라진 전투에 참여했던 노인이 있습니다. 이들은 모두 하느님의 백성입니다. 누군가는 이들을 하느님의 상처 입은 제자들로 볼 수도 있고, 누군가는 이들을 하느님 나라에는 어울리지 않는 무리로 볼 수도 있습니다. 둘 다 맞습니다. 이들은 우리 사회에 속한 다른 이들보다 더 나은 사람도, 더 못한 사람도 아닙니다. 하지만 이들은 공동체 안에서 서로에게 헌신합니다. 부활절, 벨 무니Bel Mooney는 '선데이 타임즈'Sunday Times에 다음과 같은 글을 썼습니다.

교회가 중요한가? 그렇다. 캐롤라인 네일Caroline Neil 신부는 성주간을 시작하는 첫 번째 설교에서 "이것이 우리의 이야기이고, 이것이 우리의 노래입니다"라고 말했다. 아이를 품 안에 안은 어머니, 통로를 재빠르게 지나다니는 아이들, 청바지를 입은 청년들, 중년층, 노년층의 사람들이 눈에 들어왔다. 예수의 희생에 담긴 의미를 묵상하며, 하느님의 자비를 구하는 기도를 드리며, 나가서 주님의 평화를 이루자는 파송

예식에 귀를 기울이며 나는 중요한 두 가지를 깨달았다. 첫째, 예배에 담긴 메시지에 나는 어떤 트집도 잡을 수 없었다. 둘째, 종려나무 가지로 만든 십자가를 들고 집에 돌아오고 나서도 이 공동체에 속해 있다는 느낌은 사라지지 않았다. 그 느낌은 내가 사는 집 근처에 사는 이웃에게 갖고 있는 느낌보다 훨씬 강렬했다.[1]

공동체가 제대로 움직일 때 그 모습은 자연스럽게 드러나기 마련입니다.

(5) 삶은 배움의 연속이기 때문이지요. 교회는 배우는 이들의 공동체로 보입니다.

교회가 가장 교회다운 모습을 하고 있을 때 교회는 사람들에게 이 땅이 지닌 거룩함을 익히게 해주는 공간이 됩니다. 이렇듯 배움에 열려 있는 교회에는 겸손함이 자연스럽게 배어있습니다. 은빛 리본으로 예쁘장하게 포장된 선물상자처럼 겉보기에 만족스러운 답, 사람들이 던지는 물음에 대한 모든 답을 교회가 스스로 갖고 있다고 여기지 않기 때문입니

---

1 Bel Moony, *Sunday Times*, March 2006.

다. 교회는 예수의 삶을 본받고 따르기 위해, 그가 전한 메시지를 배우기 위해 모인 배움의 공동체입니다. 배움의 공동체라 해서 교인들이 노트필기를 많이 했다거나 많은 시험을 쳤다는 이야기가 아닙니다. 교회에 다니는 이들은 '중요한 한 사람'을 보며, 그를 본받고자 노력합니다. 교회에서 배움은 '되어감'이지 단순한 '앎'이 아닙니다. 바울로는 이러한 맥락에서 그리스도를 배우는 것에 관해 말한 적이 있습니다.[2] 그리스도교 초창기에 신앙을 가리키는 표현은 '길'이었습니다. 교회에 다니는 이들과 그리스도교인들은 분명 자주 이 '길' 위에서 넘어집니다. 하지만 이들은 넘어진다는 이유로 도랑에 드러눕지 않습니다. 길이 미끄럽다고 불평하지도 않습니다. 때로 넘어지고 때로 엇나가지만, 교회에 다니는 이들은 자신들에게 주어진 목표를 이루기 위해 찬찬히 나아갑니다. 그리스도교인들은 잘못을 부정하지 않습니다. 실수도 잦습니다. 그리스도교인들은 자신들이 남들보다 윤리적으로 우

---

2 여러분은 그리스도를 그렇게 배우지는 않았습니다. 그리스도 예수 안에는 진리가 있을 따름인데 여러분이 그의 가르침을 그대로 듣고 배웠다면 옛 생활을 청산하고, 정욕에 말려들어 썩어져 가는 낡은 인간성을 벗어버리고, 마음과 생각이 새롭게 되어 하느님의 형상대로 창조된 새 사람으로 갈아 입어야 합니다. 새 사람은 올바르고 거룩한 진리의 생활을 하는 사람입니다. (에페 4:20~24)

월하다고 말하지 않습니다. 윤리적으로 우월해야 한다고 말하지도 않습니다. 예수 그리스도는 말씀하셨습니다.

> 나는 의인을 불러 회개시키러 온 것이 아니라 죄인들을 불러
> 회개시키러 왔다. (루가 5:21)

회개는 평생에 걸쳐 이루어지는 과정입니다. 그리스도교인은 생의 끝까지 배우기를, '되어감'을 멈추지 않습니다.

(6) 교회 건물은 다른 건물들과는 다른 무언가를 말하며 그것이 제 마음을 사로잡았습니다.

이 답변은 앞 장에서 살펴본 교회에 가지 않는 이유 중 하나와는 정반대의 답변입니다. 이때 교회는 사람들을 일상과는 다른 리듬, 깊은 침묵으로 이끄는 긍정적인 공간입니다. 교회에서 무엇을 느끼고, 무엇을 받을 수 있는지, 얻을 수 있는지를 명료하게 표현하기는 어렵습니다. 일차적으로 교회는 단순한 공간을 의미하지만, 여기에는 역사가 담겨 있습니다. 수많은 이의 기도와 소망들, 기나긴 시간 이어진 희망과 두려움이 담겨 있습니다. 때로 교회는 순수함을 상징하는 공간이 되기도 합니다. 복잡다단한 삶이 펼쳐지는 사회에서 이

러한 공간을 찾기란 쉽지 않습니다. 생각할 수 있는 공간, 생각하기를 멈출 수 있는 공간, 성찰할 수 있는 공간, 쉴 수 있는 공간, 모든 것이 바뀌어가는 와중에 늘 그래왔듯 그대로인 공간. 교회는 이 점에서 돋보이는 곳입니다. 교회는 우리가 우리 자신을 둘러싼 자질구레한 일들을 걸러내고, 우리가 처한 상황을 돌아볼 수 있게 해주는 공간이 될 수 있습니다. 그러한 면에서 교회는 정화의 공간입니다. 어느 좋은 날, 살며시 불어오는 바람을 맞으며 교회를 찾아가 보십시오. 당신이 받아들여졌고, 이해받았고, 사랑받는다는 깨달음을 얻을 수 있을 것입니다. 교회는 말로 선포되는 경배의 언어 없이도 이 모든 것을 할 수 있습니다. 그리고 이 모든 것을 우리는 교회에 요구할 수 있습니다. 언제든 사람들이 조용히 들어와 영원의 빛 한줄기를 느낄 수 있도록 교회는 언제나 열려 있어야 합니다.

(7) 예상치 못한 기쁨을 누릴 수 있기 때문입니다.

때로 우리는 교회에서 깊이 있는 사유를 하는 성직자의 좋은 설교를 들을 수 있습니다. 그는 하느님께 온전히 집중하면서도 세상이 어떻게 돌아가는지 관심을 놓치지 않고 여러 사상과 대화하며 그 모든 것에 어떤 의미가 있는지 알기 위해 끊임없이 노력합니다. 물론 오늘날 성서에 담긴 하느님의 지혜와 세상에서 일어나는 경험을 이을 수 있는, 신중하면서도 충분한 지식을 갖춘, 통찰을 주면서도 상상력을 불러일으키는 대화를 나눌 수 있는 이를 만나기란 쉽지 않습니다. 하지만 기꺼이 자신의 몸을 던지며 건강, 재산, 명예에는 아랑곳하지 않고 이 세상에서 어떻게 하면 사람들이 참된 풍요로움을 누릴 수 있을지 고민하는, 그리고 늘 대화에 열려 있는 성직자를 가졌다면 우리는 그와 만남을 통해, 그의 설교를 통해 진정으로 생기가 넘치는 삶, 심지어는 이전과는 다른 삶을 살 수 있습니다. 그러한 일들이 항상 일어나지는 않더라도 우리는 교회에서 그러한 일이 일어나기를 기대할 수 있습니다.

(8) 어려운 시간이 닥쳤을 때 교회에서 힘을 얻기 때문입니다.

우리가 언제나 강인할 수는 없습니다. 삶에서 지속적인 성공을 하기란 어려움에도 불구하고 사회는 우리 앞에 온갖 성공으로 향하는 사다리를 만들어 놓고 올라타라 강요합니다. 우리는 우리도 모르게 그 사다리를 올라타려 애를 씁니다. 그러다 사다리에서 떨어질 때도 있고, 사다리 중간에서 헐떡일 때도 있습니다. 이때 우리에게 필요한 건 모든 것을 잠시 멈추고 바닥에서 몸을 회복하며 삶을 재점검하는 것입니다. 그 순간, 참으로 신비하게도 우리는 우리를 위해 성육신 한 분, 그 모든 사다리 아래로 내려온 분, 사다리를 올라갈 수 없는 이들 곁에 계신 분, 지금 이 순간 우리와 함께 계신 예수 그리스도를 만나게 됩니다. 교회는 이 예수 그리스도를 만나는 공간이며 그렇기에 쉼과 우정, 회복의 장소가 될 수 있습니다. 누군가를 용서해야 할 때, 누군가와 화해해야 할 때, 누군가를 위로해야 할 때, 위로받아야 할 때 교회는 더없이 좋은 공간이 될 수 있습니다.

(9) 교회에는 한 두 명의 성인이 있으며, 그들은 저에게 감동을 줍니다.

우리 대부분은 장차 올 우리 자신의 그림자입니다. 한 인간이 어떠한 경지까지 이를 수 있는지를 힐끗 엿보는 것은 어떠한 방식으로든 값진 일입니다.

(10) 하느님과 교감하기를 원하기 때문입니다.

마침내, 여기에 도착했습니다. 단정하고 싶지는 않지만 이 이유야말로 우리가 교회에 다녀야 하는 이유 중 핵심이라고 할 수 있습니다. 2008년 한 라디오 프로그램에서 진행한 사순절 대담에서 소설가 줄리언 반스Julian Barnes는 말했습니다. "나는 신을 믿지 않습니다. 하지만 나는 신을 그리워합니다." 오늘날 많은 사람이 이렇게 말합니다. 그들 중 일부는 한 걸음 더 나아가 볼 수도 없고, 닿을 수도 없는 절대 타자와 실제로 교감할 수 있는지 없는지를 알고 싶어 합니다. 어쩌면 그들은 피터 셰퍼Peter Shaffer의 연극 '에쿠스'Equus에서 정신과 의사가 한 말 – "예배하지 않으면 움츠러들게 될 거야. 그만큼 잔인한 일은 없지" – 에 직관적으로 동의하고 있는 것일지도 모릅니다. 그러다가 마지못해, 하느님이 교회에 계실지도 모른다는 생각에 교회를 찾는 일이 일어날 수도 있겠지요.

어떤 사람들은 마치 숨 쉬듯 자연스럽게 예배를 드립니다. 마이크 리델Mike Riddell은 말했습니다.

> 하느님을 향한 사랑으로 마음의 눈이 먼 이들에게, 예배는 따스한 봄기운에 나무가 꽃을 피우듯 자연스럽게 일어나는 행위다. 예배는 사랑의 언어다. 우리 인간에 관한 진리 중 하나는 우리가 사랑으로 지음받았다는 것이다. 오직 사랑을 통해서만 우리는 우리가 진정 누구인지 알 수 있다. 새장 안에 있는 새가 새장에서 벗어나게 되었을 때 하늘을 마음껏 날 듯, 예배를 통해 우리는 우리가 진정으로 속해 있는 곳을 감

지한다. 우리는 힘차게 솟구쳤다가 휙 내려앉을 수도 있고, 물속으로 잠수할 수도 있음을 깨닫게 된다.[3]

예배는 끊임없이 사랑을 확인받으며 자기애적 욕망을 채우려는 신에게 아첨하는 행위가 아닙니다. 예배는 사랑이신 하느님에 의해, 하느님 안에서, 하느님을 위하여 인간 자신이 하느님의 피조물이라는 진실을 깨닫고 이를 따라 살기를 갈구하는 가운데 이루어지는 활동입니다.

---

[3] Mike Riddell, *Godzone* (Oxford: Lion, 1992), p.91.

교회는 즐거움을 주기 위해서,
교회를 찾는 이에게 자긍심을 심어주기 위해서
혹은 교제를 장려하기 위해서 존재하는 것이 아니다.
교회는 하느님께 예배하기 위해 존재한다. …
모든 요소는 결국 예배하는 이들과 하느님의 교감이라는
궁극적인 목적을 위해 존재한다.

필립 얀시, 『교회, 나의 고민 나의 사랑』 中

03

—

교회는 무엇을 위해 존재하는가?

이제 수준을 좀 더 높여 교회가 존재하는 이유를 다루어
보고자 합니다. 교회에서 가장 중요한 활동은 바로 예배입니
다. 물론 사람들은 다양한 이유로 교회를 찾으며, 현실 교회
는 다양한 활동을 벌입니다. 그런데 그중 어떤 활동은 다른
어떤 단체, 어떤 곳에서도 할 수 없습니다. 가장 근본적인 차
원에서 교회, 전체로서의 교회, 순수하고 가공하지 않은 교
회는 하느님께 예배하는 공동체, 그리고 그 공간입니다. 어
떤 사람은 성직자나 사목자가 마음에 들어서, 어떤 사람은
자신의 아이가 세례받기를 원해서, 어떤 사람은 병상에서 하
느님과 약속했다는 이유로, 어떤 사람은 자기 아이가 교회학

교에 갔으면 하는 바람에, 어떤 사람은 아주 막연하게 교회에 가야 할 것 같은 기분이 들어서 교회를 찾습니다. 어떤 사람은 심지어 내기에 져서 교회를 찾기도 합니다. 그러나 어떠한 연유로 교회에 갔든 예배에서 벗어날 길은 없습니다.

예배는 하느님께 드리는 것입니다. 나르시시즘이라는 거울에서 우리 자신을 떼어 놓기란 결코 쉬운 일이 아닙니다. 예배를 드리며 우리는 일주일간 희미해진 마음을 가다듬으며 하느님께 마음을 집중합니다. 예배를 통해 우리는 우리 생명의 원천이신 하느님을 경배합니다. 예배를 드리며 우리는 우리 자아를 주인으로 여기게 만드는 모든 우상을 쫓아내고 하느님을 하느님으로 모십니다. 그 시간, 우리의 모든 것이 바로잡힙니다. 예배는 우리가 존재하는 이유입니다. 우리는 예배합니다. 그러므로 우리는 존재합니다.

이렇게 말하면 어떤 이들은 염려를 표할지도 모르겠습니다. 이런 말은 마치 하느님이 끊임없이 칭송받기를 원하는 미성숙한 전제 군주이거나, 열렬한 팬덤 없이는 존재할 수 없는 B급 연예인인 것처럼 보이게 할 수도 있기 때문이지요. 물론 그렇지 않습니다. 우리가 누구인지 진정 알고자 한다면 우리는 예배해야 합니다. 예배는 우리를 위해, 우리의 삶을 위해 존재하지 하느님의 안위를 위해 존재하는 게 아닙니다.

성 아우구스티누스는 말했습니다.

당신을 찬미함으로써 향유하라고 일깨우시는 이는 당신이
시니, 당신을 향해서 저희를 만들어놓으셨으므로 당신 안에
쉬기까지는 저희 마음이 안달합니다.

우리는 예배하는 존재입니다. 그러나 하느님이 아닌 것을
예배하게 된다면, 창조주가 아닌 피조물을 예배한다면 모든
상품의 가격표가 뒤엉키듯 모든 것의 가치가 뒤엉키게 될 것
입니다. 그 길은 자멸로 가는 길입니다.

우리는 우리뿐만 아니라 하느님이 지으신 이 세상을 유지
하기 위해, 온 세계를 위해 예배합니다. 우리는 일요일 아침
전 세계 모든 사람에게 교회에 가라고 강요하지는 않을 것이
며 이를 기대하지도 않을 것입니다. 우리는 하느님 앞에서
전 세계 모든 이를 대신해, 모든 이의 편에서 예배합니다. 그
렇게 우리는 모든 이를 섬깁니다. 이는 엄청난 특권입니다.

이 모든 것은 예배의 형식이 예배한다는 사실 그 자체보
다 더 중요할 수는 없음을 뜻합니다. 참된 예배를 식별하는
기준은 그 예배가 전례적으로 완벽한가가 아니라 예배가 진
정으로 살아있으며 생명력을 지니고 있는가입니다. 남아메

리카에서 온 그리스도교인이 영국을 방문한 뒤 고국에 돌아갔습니다. 어느 모임에서는 그를 초대해 영국 교회에서 받은 인상을 이야기해달라고 청했습니다. 그는 말했습니다. "모든 예배가 정확히 제시간에 시작하더군요. 성령께서 도착하시지 않았을지라도 말이지요." 예배에 생명을 주시는 분은 바로 성령 하느님입니다. 중요한 것은 우리가 어떠한 형태의 예배를 드리느냐가 아니라 성령의 능력으로 우리의 영혼이 점화되느냐입니다. 어디에서 예배하든, 그 형태가 어떠하든 정말로 중요한 것은 예배를 통해 우리가 성령이라는 거룩한 실재에 붙잡히는 것이며 이를 붙들어야 한다는 것입니다.

(1) 예배가 시작하는 곳

예배는 인간이 느끼는 경이로움에서 시작해 거룩한 하느님께 순종하는 것으로 끝맺습니다. 생명이라는 순전한 기적에 대한 우리의 경외심이 깨어날 때 예배는 시작됩니다. 우리는 때로 생명이 있다는 사실만으로 가던 길을 멈추곤 합니다. 갓 태어난 아이, 붉게 물들기 시작한 나뭇잎, 말을 넘어선 우정, 하늘과 산... 언젠가 시인 릴케Rilke는 말했습니다.

한 번의 사건, 진정한 경험이라면, 단 한 번이라 할지라도 삶

전체를 위해서는 충분하다.

교회에서 드리는 예배는 가장 큰 경이로움인 예수 그리스도가 우리 마음에 거하게 해줍니다. 놀라움으로 가득 찬 이 세계, 이 세계를 넘어선 경이가 우리에게로 들어옵니다. 허나 어떻게 무한한 분이 우리라는 작은 그릇에 담길 수 있을까요?

우리가 진정으로 예배하게 된다면 순간순간 마주치는 신비로 인해 기쁨에 가득 찬 우리 자신을 발견하게 됩니다. 마치 축구 경기를 볼 때 우리가 응원하는 팀이 골을 넣는 순간 우리 자신도 모르게 입술에서 "그래! 그렇지!" 하며 함성을 지르듯, 콘서트홀에서 오케스트라가 연주하는 교향곡에 감명을 받아 우리 자신도 모르게 눈물을 흘리듯 말이지요. 사랑에 빠질 때 느끼는 무언가, 그 사람을 위해서라면 무엇이든 해주고픈 마음, 그 무한한 긍정… 우리에게 침묵을 강요하고 서로가 자신만의 권리를 내세우는 이 세상에서 예배는 삶에 대해, 그리고 하느님을 향해 긍정할 수 있게 해줍니다. 예배를 드리며 우리는 때로는 한껏 들뜬 마음으로, 때로는 잔잔한 감사 가운데 이 생을, 그리고 우리를 만드신 주님을 '긍정'합니다.

물론 현실은 다를 수 있습니다. 쌀쌀한 2월, 비마저 내리는 일요일 아침, 일은 산더미처럼 쌓여 있고, 언제 햇살을 보았는지 기억도 잘 나지 않을 때 긍정의 목소리를 내기는 어렵습니다. 일상에서는 "어쩔 수 없지", "어쩌라고"라고 말하는 경우가 더 많습니다. 그럼에도 기쁨과 감사의 장소로 가려는 노력은 언제나 가치가 있습니다. 이를 통해 우리의 관점은 차차 바뀌어 나갑니다. 어느 순간 우리는 말하게 될 것입니다. "이것을 위해 나는 태어났어. 여기가 바로 내가 있어야 할 곳이야." 점차, 우리는 우리가 예배하는 그분과 점점 더 닮아가게 될 것입니다. 하느님을 예배하지 않더라도 우리는 무언가를 숭배하며 그 숭배하는 대상을 닮아가기 마련입니다. 톰 라이트Tom Wright는 말했습니다.

> 돈을 숭배하는 사람은 마침내 인간 계산기가 된다. 섹스를 숭배하는 사람은 자신의 매력이나 능력에 사로잡히게 된다. 권력을 숭배하는 사람은 더욱더 무자비하게 된다.[1]

예수 그리스도를 예배하는 사람은 설사 본인이 의식하지

---

[1] Tom Wright, *Simply Christian* (London: SPCK, 2006), p.127. 『톰 라이트와 함께하는 기독교 여행』(IVP 역간)

못한다 할지라도 점점 더 예수를 닮아 갑니다. 그 변화는 매우 더디 진행되지만 말입니다. 그리고 세상에는 이러한 이들이 필요합니다. 물론 처음 예배를 드린다면 낯설게 보이는 행위들도 있습니다. 잉글랜드 성공회의 경우 성직자들은 예배를 드릴 때 일정한 복장을 갖추어야 합니다. 주교로서 저는 특별한 예배를 드릴 때는 주교관mitre을 씁니다. 언젠가 예배를 드릴 때 한 작은 소녀가 제 모습을 보고 자기 어머니에게 다가가 "엄마, 저 사람은 요리사예요?"라고 말하는 걸 들은 적이 있습니다. 그러나 이런 말만 들은 것은 아닙니다. 특별한 복장은 예배가 지닌 각별함을 도드라지게 하는 데 도움을 줍니다. 우리는 가게에 쇼핑하러 가듯 교회에서 예배를 드리지 않습니다. 우리는 우리의 주인인 주님을 만나기 위해 교회를 찾습니다. 결혼식이나 중요한 운동 경기의 결승전, 장례식, 졸업식처럼 의례ritual는 특별한 상황을 더 잘 표현하기 위해 끊임없이 발전하는 법입니다. 우리는 의례를 만드는 사람들입니다. 왜 교회가 예배를 개발해 왔고 일정한 의례를 준비하는지 알아보는 시간을 갖는다면 이 또한 가치 있는 일일 것입니다.

(2) 영혼의 양식

앞서 이야기했듯 예배는 경이로움에서 출발해 하느님께 순종함으로써 마무리됩니다. 이 사이에는 여정이 있습니다. 이 여정은 성서와 성사로 채워지며 기도가 이를 뒷받침합니다. 성서가 영혼을 살찌우는 양식이라면 성사는 영혼에게 생기를 주는 음악입니다. 이를 좀 더 살펴보기로 하겠습니다.

우리의 영혼에는 규칙적으로 섭취할 양식이 필요합니다. 성서는 천 년이라는 긴 시간 동안 수많은 사람의 손을 거쳐 쓰였으며 역사, 고대 이야기, 지혜가 담긴 말, 기도문, 시, 길을 걷는 이들을 위한 규칙, 경고를 담은 생생한 꿈, 편지, 낯설고 새로운 장르인 '복음서' 등 다양하고 복잡한 글들을 한데 모은 모음집입니다. 그 모든 것을 통해 사람들은 하느님께서 자신들에게 말씀하신 것을 들었으며 이를 항상 소중히 간직했습니다. 성서는 우리에게 성육신한 말씀the Word인 예수를 알려주는, 이해 가능한 말the word이라 할 수 있습니다. 물론 성서는 잔잔한 호수가 아니라 풍랑이 치는 깊은 바다와도 같습니다. 성서라는 바다를 항해할 때 우리는 낯선 풍경과 거친 파도를 맞닥뜨리곤 합니다. 왜 하느님은 아말렉 사람들에게 그렇게 하셨을까요? 성스러운 문헌에서 사촌 오빠에게 강간당한 다말의 이야기를 다루는 것이 적절한 일일까요? 야엘이 시스라의 관자놀이에 말뚝을 박은 것이 하느님의 영광을 위한 일이었을까요? 성서는 이 모든 이야기를 생생하게 전합니다. 이 이야기들을 이해하지 못하든, 퍼즐 조각 맞추듯 서서히 깨달아 가고 있든 간에 이 이야기들은 긴 시간 우리에게 영향을 미쳤습니다. 우리는 성서에 담긴 비범하고도 다양한 이야기를 통해 오랜 세월 온 세상 사람들이 자신의 영혼을 위해 섭취해 온, 고른 영양을 갖춘 다양한 양식을 맛봅니다. 한 신학자는 성서를 가리켜 진리를 위해 씨름하는 이들을 위한 양식이라 말했습니다. 같은 맥락에서 성서는 학자들을 위한, 구도자들을 위한, 연인들을 위한, 순전한 마음으로 예수를 따르는 이들을 위한 양식입니다. 이 심오하고도 복잡한 책은 생을 마치는 그 날까지 붙들고 고군분투할 만한 가치가 있습니다.

(3) 영혼의 음악

성사, 특히 성찬례는 영혼의 음악이라는 세계로 우리를 인도합니다. 물론 이때 문자 그대로 음악을 말하는 건 아닙니다. 성찬례는 우리 마음이 노래하게 하는, 하느님께서 주신 선물입니다. 그리스도께서는 빵과 포도주를 통해서 우리에게 오십니다. 아무런 보호 장구 없이 고압전선을 만질 수 없듯 우리는 거룩한 하느님을 직접 대면할 수 없습니다. 하느님을 만나기 위해 우리에게는 상징들이 필요합니다. 빵과 포도주는 예수 그리스도께서 우리에게 자신의 생명을 주시기 위해 직접 선택하신 평범하면서도 순전한 재료들입니다. 그분은 자신의 제자들과 마지막으로 식사를 나누며 이를 약속하셨습니다. 이제 그리스도께서는 우리를 벗으로 부르시며(요 15:15), 우리에게 자신의 마르지 않는 생명을 나누어 주십니다. 이보다 인간이 가질 수 있는 더 큰 권리란 없습니다.

성찬례, 혹은 미사, 혹은 성체성사, 혹은 주님의 식탁 등 이를 어떻게 부르든 간에 이 예식은 캄캄한 밤 예루살렘에서 처음 시작된 이후 계속해서 수백만 그리스도교인의 마음을 사로잡았으며 그들에게 힘을 주었습니다. 첫 번째 성찬례가 있던 그날 밤 제자들은 슬픔에 잠긴 채 노래를 불렀습니다. 하지만 부활과 승천, 성령강림이라는 놀라운 사건이 일어난 뒤 이 노래는 하느님의 백성이 온 세계에서 부르는 승리의 노래로 바뀌었습니다. 성찬례는 진정으로 교회에서 이루어지는 '영혼의 음악'입니다. 이 기쁨에 기대어, 스코틀랜드 산비탈에 텐트를 친 뒤 펄럭이는 바람을 맞을 때 저는 하느님의 영광을 노래했습니다. 이 기쁨에 기대어, 부활절 둘째 주간 뜨겁게 달구어진 시나이 사막 너른 분지에 있는 한 나무

아래서 낯선 네 명의 베두인과 함께 평화를 기원하며 '주님께 영광'이라는 노래를 불렀습니다. 이 기쁨에 기대어, 저는 캔터베리 대성당에 있는 높은 제대에서 노래를 불렀습니다. 아버지가 돌아가시던 날 그분이 누운 침대 머리맡에서, 프랑스 남부 카라반에서, 갈릴래아 호숫가에서 저는 노래했습니다. 버밍엄, 서머싯, 더럼, 캔터베리, 옥스퍼드에 있는 지역 교회에서 하느님의 신실한 백성과 함께한 천 번의 주일 예배는 이 노래를 가능케 했습니다. 이 예배보다 제게 더 큰 기쁨을 주었던 일은 없습니다.

저는 언제나 전前 캔터베리 대주교였던 마이클 램지Michael Ramsey가 했던 말을 곱씹습니다.

가장 중요한 질문은 우리가 무엇으로 성찬례를 드리는가가 아니라 성찬례가 우리를 무엇으로 만들고 있는가이다.

자신에게 물어보십시오. '어떻게 하면 나는 변화를 일으키는 사람이 될 수 있을까?' '어떻게 하면 나는 이 낯선 땅에서 기쁨으로 가득 찬 주님의 노래를 부를 수 있을까?'

(4) 예배의 '마침'

예배를 마치면 하느님을 향한 거룩한 순종이 그 모습을 드러냅니다. 예배는 하느님에 관한 활동, 하느님에 의해 이루어지는 활동, 하느님을 위한 활동입니다. 또한 예배는 거룩한 경외감에서 출발해 성서와 성사를 통해 이 세계를 향한 하느님의 사랑의 핵심으로 걸어 들어가는 활동입니다. 이제 이 하느님과의 만남을 통해 우리는 변화됩니다. 그리고 생존을 위해 몸부림쳐야 하는, 시시각각 찾아오는 여러 문제에 대응해야 하는, 그럼에도 미소 짓고 잘 살아야 하는 일상, 파편화되고 일그러진 이 세상에서 새로운 세상을 일구시려는 하느님의 놀라운 계획에 우리는 동참합니다. 예배를 드릴 때 그러하듯, 예배를 마친 뒤 삶에서도 있는 그대로의 우리 자신을 하느님께 고백하면서 동시에 우리가 할 수 있는 최선을 그분께 드려야 합니다. 거룩한 순종의 삶이란 우리가 알고 있는 이 땅의 모든 피조물을 위해, 하느님께서 자신을 드러내시며 모든 피조물을 향해 자신의 사랑을 베푸셨듯 우리 자신의 전부를 기꺼이 내주는 삶입니다. 예배는 이러한 과정을 촉발하며 이러한 과정을 유지하도록 이끌어줍니다.

교회는 몸을 입은 하느님의 말씀이
역사적으로 계속해서 이 세상에 현존하는 것이다.
교회는 그리스도를 통해 계시된 하느님의 구원 의지가
역사적으로 구체화된 것이다.
... 그리스도의 백성에 현존하게 되는 곳,
구속이 전례적으로 가시화됨으로써 회중이 이를 느낄 수 있는 곳,
그리스도께서 십자가 위에서 세운 새롭고 영원한 계약이
거룩한 기억을 통해 가장 명백하고 현실적으로 현존하는 곳에서,
교회는 가장 구체적인 '사건'이 된다.

칼 라너, 『교회와 성사들』 中

우리가 처한 상황에 맞추어
우리가 선호하는 방식을 택하는 것이 아니라
사람들이 머물러 있는 곳에서
복음을 구현해야 합니다.

『선교형 교회』 中

04

—

교회를 찾아가기

교회를 찾아가겠다고 결심했다면 그건 정말 용감한 결정입니다. 교회에 가기 위해서는 어느 정도 시류를 거스르는 용기가 필요합니다. 주변에서 교회에 다니는 사람들을 보면, 교회에 다니게 된 이후로는 예전처럼 자주 만날 수는 없음을 알 수 있습니다. 이에 대해 조금은 두려울 수도 있습니다. 분명 교회에 다니는 삶은 평범한 삶은 아닙니다. 교회운영위원회 회의에 참석하기 위해서는 아침이나 저녁 드라마를 포기할 수밖에 없습니다. 교회에 다니면 교회에서 진행하는 다양한 활동을 접하게 됩니다. 여기에는 무언가 중독성이 있습니다. 본격적으로 교회에 가기 전에 주변에 있는 다양한 교회와 그 특징을 알아두면 결단은 좀 더 길게 유지될 수 있으며 기꺼이 교회 활동에 적응하는 데 일정한 도움을 얻을 수 있습니다.

작은 교회

자그마한 교회를 찾는다면 그곳은 당신이 마지막으로 교회를 찾았을 때와 특별히 바뀐 게 없어 보일 것입니다. 옛날 생각이 나게 하는 퀴퀴한 냄새에, 반주자는 옛날과 비슷한 방식으로 찬송할 곡을 고르고 연주하며, 두어 사람이 예배를 준비하느라 바삐 몸을 움직일 것입니다. 예배당 안으로 들어가기 전에는 '당신을 섬기겠습니다'라는 문구와 함께 미소 짓는 성직자의 사진과 교인들이 살고 있는 곳이 적힌 주소록 등이 보일지도 모르겠습니다. 예배를 드리기 전에는 안내자 한 사람이 찬송가와 주보를 줄지도 모르겠군요. 자그마한 공간이지만 여유가 있어, 앉을 곳을 찾기란 어렵지 않을 것입니다. 이곳에서 드리는 예배는 소박하면서도 격식에 매이지 않습니다. 그리고 요즘에는 좀 더 많은 사람이 예배위원으로 참여하는 것 같습니다(예배는 한 사람이 이끄는 게 아니라는 통찰이 반영되었기 때문이겠지요). 예배를 마친 뒤에는 따뜻한 커피를 마실 수 있게 준비가 되어있을 겁니다. 썩 고급 커피는 아니라 할지라도 말이지요. 주보에는 교회에서 참여할 수 있는 다양한 활동이 실려 있습니다. 성서 읽기 모임, 지도자 훈련 과정, 평신도 교육 과정, 여러 교회가 함께 모여 진행하는 행사 등. 때로는 젊은이들이 주축이 되어 만든 기발한 이름의 모임이 소개되어 있을지도 모릅니다. 작은 교회는 분명, 어떤 면에서는 열악합니다. 그럼에도 불구하고 그곳에서만 느낄 수 있는 체험, 나눌 수 있는 활동이 있습니다. 그리고 그곳에도 변화의 바람은 불고 있습니다. 아마도 그 바람은 더 나은 쪽으로 교회를 인도할 것입니다.

큰 교회

상대적으로 규모가 큰 교회에 가면 일단 많은 예배를 접할 수 있습니다. 큰 교회에서는 보통 일요일 오전 세 번 예배를 드립니다. 오전 8시에는 조용하고 전통적인 방식의 예배를 드립니다. 9시 30분에는 가족 예배를 드리며 11시에는 예복을 입은 성가대가 함께하는 감사성찬례(대예배)를 드립니다. '선택'을 중시하는 현대 사회의 분위기가 교회에도 영향을 준 것으로 보입니다. 일요일 아침, 규모가 큰 교회는 매우 분주하게 움직입니다. 이런 교회에는 교회에서 무엇을 해야 하는지 알려 주는 다양한 도구가 있습니다. 새로운 소식들이 일목요연하게 쓰인 교회 주보를 발견할 수 있고 성서와 찬송가도 비치되어 있습니다. '교회에 오신 것을 환영합니다'라는 문구가 예배당 정면 스크린에 나올 때도 있습니다. 사람들이 자리를 채우는 동안 찬양팀은 악기를 조율한 뒤 화음을 맞추어 복음성가를 연주하거나 부릅니다.

큰 교회는 지역과 더 넓은 공동체에 열려 있습니다. 지역을 위한 다양한 활동을 벌이는가 하면 지역 내 주택 단지에 새로이 입주하는 이들을 위해 기도도 드립니다. 가족 모임도 열고, 아이들을 위해 소풍도 갑니다. 학교 같은 공간을 빌려 새로이 예배를 드리는 개척교회를 소개할 때도 있습니다. 이처럼 큰 규모의 교회에서는 많은 일을 진행합니다. 누군가 보기에는 이러한 모습이 세속적인 '사업'과 비슷해 보일지도 모르겠습니다. 하지만 이러한 모습 아래에는 분명한 영성이 자리 잡고 있습니다. 큰 교회를 우연히 찾아가더라도 예배 없는 시간 예배당 좌석에서, 혹은 교회 건물 어디엔가 자리 잡고 있는 기도실에서 자신의 문제뿐 아니라 이웃을 위해, 지역을 위해, 이 세계를 위해 기도하는 이들을 발견하기란 그리 어렵지 않습니다. 그때 당신은 찾아간 그곳이 충분히 머물만한 공간임을 분명히 알 수 있을 겁니다.

교외에 자리한 오래된 시골 교회

교외에 있는 교회는 상대적으로 속도가 그리 빠르지 않습니다. 교회 건물도 마찬가지입니다. 교외에 있으면서도 오랜 시간을 버텨 낸 교회라면 그곳에 다니는 교인들 또한 그만큼의 기품을 지니고 있는 경우가 많습니다. 하지만 그렇다 해서 새로운 사람을 따뜻하게 맞이하는 법을 잊은 것은 아닙니다. 이런 교회에서 예배는 세대를 아우르는 방식으로 이루어질 때가 많습니다. 한 사람이 여러 사람의 몫을 맡는 경우도 많습니다. 하지만 이들은 서로 잘 알고 있으며 서로 함께하는 것을 즐거워하기에 이를 마냥 힘들다고 하지는 않습니다. 이러한 교회를 이루는 구성원들은 늘 새로운 사람이 찾아오기를 기다립니다. 당신이 교외에 있는 교회를 애써 찾아갔다면 그 노력은 그 자체로 가치가 있습니다. 도시라는 공간이 빚어내는 공기에서 벗어나 하느님과 만나기 위해 새로운 시도를 하는 모습은 그 자체로 아름답습니다.

대성당

대성당에서 드리는 예배는 '품질을 보증한다'는 공인 마크를 받을 만합니다. 이곳에서 드리는 예배는 성스러운 공연, 성스러운 음악회 같습니다. 그리고 이 공연의 배경이 되는 교회 건물은 예배의 분위기를 형성하는 데 매우 중요한 부분을 차지합니다. 대성당에서는 제대 위에 놓인 성찬례 도구 하나부터 설교에 이르기까지 모든 것이 어우러져 아름다운 예배를 빚어냅니다. 당신이 대성당에서 예배를 드린다면 탁월한 연주를 하는 오케스트라의 공연에 참석한 기분이 들 것입니다. 그리고 이곳에서는 누구도 당신에게 말을 걸지 않을 것입니다. 당신의 영성이나 신앙 상태를 테스트하는 일도 없을 것입니다. 순전히 미학적인 관심에서 대성당에 찾아가 볼 수도 있습니다. 하지만 그곳에서 예배를 드린다면 당신은 그리스도교 신앙이라는 거대한 바다를 항해하고 있음을 발견할 것입니다. 대성당은 기본적으로 잔잔한 분위기를 유지하며 이곳을 찾는 교인들은 어떠한 형태로든 열광주의적인 모습을 보이지 않습니다. 하지만 예배에 진지하게 참여하면 참여할수록 당신의 마음은 고양될 것입니다. 예술에 대한 감각은 물론 하느님과의 인격적인 관계 또한 깊어질 것입니다. 그렇기에 대성당을 찾는 10명 중 5명이 예술적인 영감을 받기 위해서, 4명이 높은 수준의 예배 때문에, 1명 정도가 대성당에서 제공하는 환대의 분위기 때문에 온다는 건 전혀 이상한 일이 아닙니다.

개척교회

개척교회라는 표현을 낯설게 여기는 분이 있을지도 모르겠습니다. '개척'이라는 말이 거친 땅을 일구어 논이나 밭과 같이 쓸모 있는 땅으로 만듦을 뜻하듯 '개척교회'는 교회가 없는 곳에 새로이 들어서 커가는 교회를 뜻합니다. 이러한 교회들은 건물이 마련되지 않아 학교 강당을 이용하는 경우가 많습니다. 매주 일요일 아침마다 '교회'를 새롭게 설치하는 셈이지요. 하지만 학교 공간이 주는 익숙함 때문에 이러한 곳을 찾으면 긴장은 덜하고 편안한 마음으로 예배를 드릴 수 있습니다(물론 강당에 있는 시설과 '교회'와 관련된 도구들이 어색한 풍경을 자아낼 수도 있지만 말입니다). 이곳에서 드리는 예배는 대성당에서 드리는 예배와 같은 형식미는 갖추고 있지 않습니다. 성가대가 없을 때도 있고, 오색찬란한 스테인드글라스도 없습니다(이런 곳에서 그러한 것들을 기대할 수는 없습니다). 대신 개척교회에서 드리는 예배에는 순수한 열정과 진실함이 있습니다. 한쪽에서는 주일학교 아이들의 와자지껄한 소리가 들립니다. 다른 한쪽에서는 설교자가 허심탄회하게 사람들과 대화를 나누듯 설교를 진행합니다. 청중은 그러한 상황에 익숙한 듯 별다른 어려움 없이 설교 내용에 집중합니다. 처음 개척교회에 방문한다면 그곳이 성스러움을 특화한 곳으로 보이지는 않을지도 모릅니다. 하지만 시간이 지날수록 당신은 그곳이 예수를 특화한 곳임은 틀림없다고 생각하게 될 것입니다.

교회의 새로운 표현(대안 교회)

새로운 형태의 교회에 다니는 이들은 자신들이 드리는 예배를 '대안 예배'라 부릅니다. 분명 이러한 형태의 교회에서는 주일 오전 예배를 드리지 않습니다. 성가대의 장엄한 찬양은 없지만 잔잔한 음악과 함께 가벼운 음료를 즐기며 드리는 '대안 예배'는 색다른 감흥을 선사합니다. 잘 편집된 영상들, 분위기 있는 음악, 예배를 마치고 나서도 구성원들이 편하게 이야기를 나눌 수 있는 여유, 다양한 활동 등 교회의 새로운 표현은 그곳을 찾는 이들의 상상력과 감성을 풍요롭게 해주는 다양한 요소를 갖고 있습니다. 예민한 감수성을 갖고 있거나 고전적인 예배를 선호하는 이들은 이러한 모습을 보며 다소 신경이 거슬릴 수도 있겠지만 말이지요. 오늘날 많은 사람은 아니지만 소수의 사람이 헌신적으로 이렇게 새로운 형태의 교회를 실험하고 있습니다. 그리고 이들 중 대다수가 청년이라는 점은 고무적입니다. 전통적으로 교회에서 벌이는 활동 이외에도 그리스도교인으로서 이 사회에서 어떻게 살아야 할지를 고민하는 청년이라면 이러한 소규모 공동체에서 예배를 드리며 사람들과 우애가 담긴 이야기를 나누는 것도 좋은 선택일 것입니다.

교회는 서로 밀접하게 연결되어 있는 두 가지 목적을 위해 존재합니다.
하나는 하느님께 예배하는 일이며,
다른 하나는 세상에서 하느님 나라를 위해 일하는 것입니다. ...
예배와 친교와 하느님 나라를 세상에 나타내는 일은
서로에게로 그리고 서로로부터 흘러들어가고 흘러나옵니다.
하느님의 나라를 나타내는 일을 신선하게 올바로 유지하기 위해서는
언제나 예배로 돌아와야 합니다. 예배하지 않는다면,
하느님의 형상을 나타낼 수 없습니다.

톰 라이트, 『톰 라이트와 함께하는 기독교 여행』 中

05

예배로 나아가기

교회에 가면 아마 많은 사람이 자문할 것입니다. '나는 여기서 무엇을 얻을 수 있을까?' '어떻게 하면 교회를 최대한 활용할 수 있을까?' 하지만 이 질문을 던지는 순간 이미 방향은 엇나갔다고 할 수 있습니다. 교회에 갔을 때 중요한 건 우리가 그곳에서 '무엇을 얻는가'가 아니라 '누구와 만나는가'이기 때문입니다. 그리고 이는 우리가 얼마나 깊이 하느님과의 만남으로 들어가느냐에 달려 있습니다. 앞에서 언급했듯어떤 이는 예배를 그리스도교라는 종교가 벌이는 일종의 엔터테인먼트로 보곤 합니다. 그러한 생각을 하는 사람의 잘못은 아닙니다. 하지만 즐거움만을 강조하는 문화, 특별한 곳에 갔을 때 색다른 즐거움을 얻어야만 한다고 사람들을 암묵적으로 부추기는 문화는 분명 잘못되었습니다.

분명한 것은, 어떤 사람이 주일 예배를 엔터테인먼트 기업이 벌이는 이벤트 정도로 여긴다면 그는 결코 예배에 온전히 참여할 수 없다는 것입니다. 교회는 당신이 바라는 바를 전부 충족하지 못할 것입니다. 성가대가 아무리 최선을 다해도 오디션 프로그램에서 우승할 만한 기량을 갖기란 어렵습니다. 성서 모임을 이끄는 리더가 구약 성서의 어두운 부분, 난해한 부분을 이해하려 아무리 애쓴다 할지라도 그 핵심에 다가가기란 쉽지 않습니다. 그런대로 들을만한 설교라 할지라도 명강사의 강연처럼 쉽고 명료하게 이해되지는 않을 것이고, 앵커가 전하는 뉴스 보도처럼 귀에 쏙쏙 들리는 것도 아닙니다. 예배를 마칠 때쯤이면 '어떻게든 견디기는 했는데 도대체 이게 무슨 의미가 있는 건가?' 하는 생각이 들지도 모릅니다.

해결의 열쇠는 예배를 다르게 바라보는 데 있습니다. 하느님 앞에 서 있다고 생각해 보십시오. 그분은 만물을 창조하시고, 거룩하시고, 우리에게 끊임없이 사랑을 베푸시는 분입니다. 그분 앞에 설 수 있다는 그 자체가 우리에게는 특권입니다. 예배는 우리의 적극적인 참여와 간절한 기대를 요구하는 성스러운 사건입니다. 이를 전제로 예배를 구성하는 요소들을 하나하나 살펴보도록 하겠습니다.

예배 시작 전

어떤 이들은 예배 시작 전 예배당으로 성급하게 들어와 의자에 앉는 것만으로 자신이 해야 할 일을 다 한 듯한 표정을 짓곤 합니다. 조금 과감하게 말하자면 이는 하느님을 모독하는 것일 수 있습니다. 우리는 예배를 시작하기 전부터 거룩한 기대를 품는 법을 익힐 필요가 있습니다. 이론적으로 예배는 우리 모두에게 자신을 드러내신 하느님에게 모든 것을 바치는 활동입니다. 예배 시작 전 찬찬히 예배당에 들어와 자리에 앉은 뒤 조용히 지난 한 주 동안 있었던 일들, 잘했던 일과 그렇지 못했던 일을 차분히 되돌아보십시오. 은유적으로 말하면 '손에 생명을 담고서' 우리는 하느님 앞에 나아가야 합니다. 음악회에서 연주가 본격적으로 시작되기 전 오케스트라 단원들의 모습을 떠올려 보십시오. 지휘자의 지휘에 맞춰 모두가 한마음으로 연주할 수 있도록 단원들은 제자리에서 악기 조율을 마치고 몸과 마음을 정돈합니다. 예배를 시작하기 전 우리의 몸과 마음 또한 그래야 합니다.

찬송과 노래

많은 책이 예배 음악을 중요한 문제로 다루고 있습니다. 때로 어떠한 음악이 예배에 적절한지 논쟁이 일어나기도 합니다. 언젠가 현대 음악을 전공한 작곡가가 자신이 작곡한 찬양곡을 연주하자 한 사람이 이를 강한 어조로 비판했습니다. 그는 말했습니다. "우리는 하느님께 가장 좋은 것을 바쳐야 합니다." 그러자 작곡가는 답했습니다. "물론 그렇습니다. 이 곡은 제가 만든 곡 중 가장 좋은 곡입니다." '가장 좋은' 형식을 지닌 곡은 여럿일 수 있습니다. 정말 중요한 건 그 형식에 우리의 온 마음을 담는 것입니다. 어떠한 형식을 지닌 찬송이든 우리는 진심을 담아 최선을 다해 불러야 합니다. 특히나 가사를 의식적으로 곱씹으려는 노력을 기울여야겠습니다. 간혹 별다른 생각 없이 찬양을 하다 어느새 마지막 절을 부르는 경우가 있습니다. 그럴 때면 우리 안에 있는 경보기가 작동해야 합니다. 찬양은 정해진 곡조에 아무 단어나 갖다 붙인 노래가 아닙니다. 예배 찬송에는 그리스도교의 진리가 담겨 있습니다. 그 표현은 위대한 시처럼 경이로움을 불러일으키며 가사를 되새기며 부르는 이에게 창조적인 영감과 감동, 깊은 평안함을 줍니다. 신앙의 선배들은 자신의 가슴에서 우러나오는 고백을 예배 찬송에 담아냈습니다. 우리 또한 가슴에서 우러나오는 고백을 담아 찬양을 불러야 합니다. 물론, 이렇게 하려면 일정한 시간이 걸립니다. 여러분의 마음과 공명하는 찬양을 가슴에 완전히 녹아들 때까지 틈나는 대로 불러보십시오. 하느님과 교감하는 데 큰 도움이될 것입니다.

성서 읽기

예배 중 독서(성경 봉독) 시간이 되면 온갖 나무로 가득 찬, 어두침침한 숲으로 들어가는 것만 같은 기분이 듭니다. 구약성서를 읽을 때는 더더욱 그러하지요. 성서의 한 단락을 제대로 이해하기 위해서는 많은 배경지식이 필요하며 정교한 해석 방법을 익히고 있어야 합니다. 어떤 이들은 성서에 적힌 그대로 읽으면 된다고 말하지만 이는 말만큼 간단한 문제가 아닙니다. 성서가 전하는 메시지는 때로 깊이 숨어 있어서 겉으로 분명하게 드러나지 않습니다. 그럼에도 불구하고 성서정과를 편집한 이들, 교회력에 맞게 본문을 선택한 이들은 우리가 보다 풍요롭게 신앙인으로서 살아갈 수 있기를 바라는 마음으로 그러한 작업을 진행했습니다. 어떠한 경우든 설교는 계속될 것이고 설교자는 하느님께서 성서를 통해 우리에게 전하고자 하시는 바를 드러내고 나누기 위해 까다로운 성서 본문들을 붙잡고 씨름할 것입니다.

성서는 우리 신앙의 가장 중요한 원천입니다. 그저 좋은 말들로 가득한 옛 문헌이 아닙니다. 예배당에 울려 퍼지는 성서 말씀을 들을 때 거기서 유용한 생각이나 한두 개 얻어 가려는 마음을 가져서는 안 됩니다. 하느님께서는 성서 말씀을 통해 우리를 빚어 나가십니다. 언젠가 마하트마 간디Mahatma Gandhi는 말했습니다.

그리스도교인인 여러분은 모든 문명을 순식간에 날려버릴 수 있는, 전 세계를 완전히 뒤엎을 수 있는, 전쟁으로 갈기갈기 찢어지고 황폐해진 이 행성에 평화를 가져올 수 있는 강력한 힘을 지닌 문헌을 갖고 있습니다. 그러나 여러분은 그 문헌을 과거 여러 문헌 중 하나로 여길 뿐 그 이상의 무언가를 갖고 있음을 감지하지 못하고 있습니다.

성서 독서 시간에 접하는 몇 구절만으로는 성서가 지닌 강력한 힘을 충분히 맛볼 수 없습니다. 독서 시간조차 우리 머리에는 온갖 생각이 가득합니다. 예배를 마치고 집에 가서 해야 할 일들, 해결되지 않고 쌓여 있는 문제들, 얼마 전 날아온 세금 고지서... 예배를 드리는 순간만큼은 이 생각들을 접

어두십시오. 당신의 정신과 마음을 어지럽히는 유혹에 저항하십시오. 지금 주님의 영광이 선포되고 있습니다. 여기에 능동적으로 참여하십시오. 언제나 성서를 가까이하고 어디에서든지 하느님의 말씀에 귀 기울이십시오. 결코 후회하지 않을 것입니다.

설교

오랜 기간 설교는 정말 중요한 문제를 말하지 못했습니다. 설교자는 청중의 필요와 욕구, 또는 성향에 맞추어 응급처치하듯 설교를 해왔습니다. 하지만 근본적으로 설교는 예수 그리스도를 증언하고 선포하는 활동입니다. 우리는 설교를 통해 '살아있는 말씀'인 예수 그리스도에게로 나아갑니다. '선포된 말씀'인 설교는 '기록된 말씀'인 성서를 충실하게 반영해야 합니다. 설교자가 성서에 충실한 설교를 할 때 사람들이 지루해하면서 교회를 찾지 않는 것은 안타깝고도 불행한 일입니다. 언젠가 제가 설교를 하려 하자 아내가 어린 딸에게 말하는 걸 들은 적이 있습니다. "자, 이제는 자도 된단다."

설교는 하느님, 설교자, 그리고 설교를 듣는 여러분 사이에서 이루어지는 삼중의 대화입니다. 설교를 통해 우리는 하느님께서 우리가 들을 수 있는 언어로 우리에게 말씀하시는 것을 듣습니다. 말씀을 들으며 우리는 그동안 간직해왔던 질문과 연결해보고 해결 방안을 모색해 갑니다. 이러한 방식으로 우리는 설교에 적극적으로 참여할 수 있습니다. 어떠한 면에서 우리는 설교자와 함께 설교를 만들어 나간다고도 할 수 있습니다. 설교자가 전하는 설교의 내용에 우리는 공감할 수도 있고 공감하지 않을 수도 있습니다. 하지만 그보다 더 중요한 건 예배라는 활동 안에서, 설교라는 사건을 통해 하느님께서 우리에게 당신의 말씀을 전하신다는 것입니다. 외적인 귀뿐 아니라 내면의 귀를 열고 설교에 귀 기울인다면 당신은 설교를 통해 당신에게 말씀을 전하시는 하느님을 발견할 수 있을 겁니다. 이러한 맥락에서 설교자는 '하느님의 이름으로' 말씀을 전합니다. 한편의 설교를 하기란 생각만큼 쉬운 일이 아닙니다. 하지만 더 어려운 것은 설교자와 청중 모두가 설교를 살아내는 것입니다. 이런 말이 있습니다. "다섯 편 설교하기가 한 편의 설교를 살아내기보다 쉽다." 우리의 과제는 바로 이 '한 편의 설교를 살아내기 위해' 설교에 귀 기울이고 또 참여하는 것입니다.

기도

눈을 감고 손을 모은 뒤 마음 가는 대로 내버려 두지 마십시오. 많은 경우 우리의 기도는 내면 깊은 곳으로 들어가기보다는 길을 잃어버리기 십상입니다. 기도를 드릴 때 우리는 자주 어둠 속에서 헤맵니다. 온갖 유혹과 자잘한 생각들이 기도의 순간 우리를 찾아옵니다. 예배하면서 드리는 기도는 더더욱 그러합니다. 옆에 앉아 있는 누군가는 마치 연인에게 속삭이듯 기도합니다. 다른 쪽에 앉아 있는 사람은 동사무소에서 공무원을 질타하듯 하느님께 따집니다. 어떤 사람은 정치적으로 편향된 내용을 하느님께 이루어달라고 빌고 있습니다. 많은 이가 제각기 기도는 드리지만 하느님과 만나지 못합니다. 기도가 드려야 할 상대가 누구인지 모릅니다. 내면 깊은 곳으로 들어가려 하지만, 언제나 이를 방해하는 움직임과 요소들이 주변에 산재합니다. 고요함에 머물러 기도하지 못할 때 우리는 화가 나고 짜증이 나고 지루해진 나머지 기도 자체를 포기하려 합니다. 하지만 이러한 유혹에 저항하십시오. 우리 영혼은 입술을 열어 드리는 기도를 통해 하느님께 나아갈 수 있습니다. 마음에서 우러나오는 감사와 청원은 사랑 가득한 하느님께 이르도록 해 주는 도약대입니다. 주변에 있는 사람들과 더불어, 이 공간에 모인 마음이 하느님께 닿을 수 있도록 집중하십시오. 당신의 기도가 진실해질 수 있도록 당신과 함께 예배드리는 사람들을 사랑하십시오. 그 사랑을 넓혀 가십시오. 그렇게 한다면 교회에서 예배를 드릴 때나 교회를 나와 삶을 살아갈 때나 타인의 고통에 좀 더 민감히 반응하는 자신의 모습, 굶주림으로 죽어가는 이들, 잔혹한 전쟁으로, 고된 현실 때문에 삶이 찢겨나간 이들 곁에서 아픔을 함께하는 자신을 발견하게 될지 모릅니다. 기도를 통해 우리는 기뻐하는 사람과 함께 기뻐하고, 우는 사람과 함께 웁니다.

기도 시간은 누군가의 잘못을 따지거나, 기도 내용 혹은 다른 사람의 신앙을 평가하는 시간이 아닙니다. 기도는 이 세계의 요청과 헤아릴 수 없는 사랑을 한데 엮음으로써 다양한 우리네 현실에 깊게, 인격적으로 참여하는 것입니다.

성찬례

성체성사, 미사, 주님의 만찬, 예수의 식사 등으로 불리는 성찬례는 예배의 핵심 예식입니다. 때로 어떤 말보다 한 번의 행위가 더 큰 울림을 주는 경우가 있습니다. 성찬례에 참여하여 그리스도교의 생명인 빵과 새 계약의 포도주를 받을 때 우리는 거대한 울림을 체험합니다.

받아먹으라. 이것은 너희를 위하여 주는 내 몸이니, 나를 기념하여 이 예를 행하라.

받아 마시라. 이것은 죄를 용서해 주려고 너희들과 많은 사람을 위하여 내가 흘리는 새로운 계약의 피니, 마실 때마다 나를 기억하여 이 예를 행하라.

그리스도교인들은 모일 때마다 "이 예를 행함으로써" 자신들의 정체성을 다져나갔습니다. 성찬례를 통해 우리는 예수의 죽음과 부활을 기억하고 다시 삽니다. 성찬례를 통해 우리는 하느님 나라에서 열릴 잔치를 미리 맛봅니다. 성찬례를 통해 우리는 그리스도를 받아들입니다. 그러므로 성찬례는 예배에서 가장 중요하면서도 역동적인 순간입니다. 성찬례를 결코 가벼이 여겨서는 안 되며, 깊은 생각과 희망을 담아 참여해야 합니다. 빵과 포도주를 받기 위해 손을 펴면서 우리가 겪는 모든 일, 모든 문제, 우리가 맺은 모든 관계, 우리 안에서 일어나는 모든 희망, 우리가 했던 모든 결단을 영광스러운 하느님에게 맡겨야 합니다. 또한 그리스도의 능력과 선하심, 생명으로 우리가 채워질 수 있도록 우리 자신을 비워야 합니다. 우리 자신을 내려놓고 예수 그리스도께서 주시는 생명이 우리를 채울 때 낡은 것은 새것으로, 비움은 채

움으로, 혼돈은 기쁨으로 바뀝니다. 물론 언제나 우리가 반듯한 마음으로 성찬례에 참여하지는 않습니다. 때로는 충만히 감사하는 마음으로 성찬례에 참여하지만, 때로는 다른 사람과의 문제 때문에, 일 때문에, 혹은 하느님과의 문제 때문에 마음이 뒤엉킨 상태에서 성찬례에 참여할 수도 있습니다. 괜찮습니다. 그러한 문제 가운데 하느님께서는 도움의 손길을 건네시며 그 손길을 느끼기 위해, 그 손길이 우리에게 닿도록 하기 위해 성찬례에 참여하는 것이기 때문입니다. 하느님은 언제나 자신을 내어 주시는 분입니다. 마지못해 성찬례에 참여할 때도 있고 반대로 경건한 마음이 지나친 나머지 빵과 포도주를 받는 모든 동작을 과도하게 의식할 수도 있습니다. 그러나 이러한 것은 중요치 않습니다. 중요한 것은 우리가 느끼든 못 느끼든 간에 하느님께서 '지금, 여기'에서 활동하고 계신다는 점입니다. 그리스도께서 주인으로서 이 만찬을 차리셨습니다. 만찬을 통해 그분은 우리에게 자신의 생명을 선물로 주십니다.

주의 임재 앞에 잠잠해, 주 여기 계시네.*

---

* '주의 임재 앞에 잠잠해'Be Still: 데이비드 에반스David J. Evans가 1986년 작곡한 찬송

이 주님의 축복을 받기 위해 반드시 어떤 확신을 갖지 않아도 됩니다. 괜찮습니다. '그럼에도 불구하고' 하느님께서는 언제나 우리에게 축복을 베풀어 주십니다. 성찬례에 참여한다면 언제든 우리는 확신을 담아 그분에게 사랑을 고백할 수 있을 것입니다.

축복기도와 파송

많은 교회에서 축복기도로 예배를 마칩니다. 축복기도는 예배 마지막을 장식하는 아름다운 활동입니다. 또한 축복기도는 일주일 동안의 삶을 풍성하게 하는 하느님의 선물입니다. 축복기도 후 우리는 세상을 사랑하고, 섬기고, 바꾸기 위하여 세상으로 파송됩니다. 그래서 이런 말이 있습니다.

자, 예배worship가 끝났습니다. 그러나 진짜 예배service는 지금부터 시작됩니다.

우리는 우리가 필요로 하는 사람을 붙잡기 위해, 우리가 피하고 싶은 사람에서 벗어나기 위해 세상에 나아가는 것이 아닙니다. 예배를 마치고 파송 성가가 울려 퍼질 때 잠시 눈을 감고 예배를 통해 받은 선물이 무엇인지를 돌이켜 보십시오. 바로 자리를 뜨지 마십시오. 깊은 통찰, 따뜻한 격려, 기쁨의 순간을 되새겨 보십시오. 그러한 선물을 여러분의 삶터와 일터로 가져가십시오. 일요일의 감동이 월요일의 기쁨으로 피어나게 하십시오. 그렇게, 예배가 일상에서 살아나도록 결단하십시오. 그런 뒤 커피 한 잔을 마시러 간다면 주변에 있는 낯선 이들도 새삼 달리 보일지 모릅니다. 모든 예배에서 획기적인 순간을 맛볼 수는 없습니다. 하지만 그 모든 예배를 통해 우리는 차츰 변화해 나갑니다.

선포가 그리스도를 중심으로 이루어질 때
신앙은 필연적으로 예수 그리스도의 공동체를 일으키게 된다.
공동체 사건을 완성케 해주는 언어를 공동체가 말할 수 있을 때,
예수 그리스도의 공동체는 생명을 얻게 된다.
이 언어-행위가 공동체의 표지가 된다.
신앙의 언어는 신앙의 모임과
그리스도를 언어화한다.

에른스트 푹스, 『역사적 예수 연구』 中

하느님의 백성을 빛내는 보편성이라는 특성은
주님에게서 온 선물입니다.
이런 이유 때문에 교회는 자신이 가진 모든 자원을 활용하여
온 인류를 성령의 일치 속에서 교회의 머리 되시는
그리스도계로 되돌리기 위해 계속해서 노력합니다.
각 교회는 특별한 은사를 통해 다른 교회의 이익과
교회 전체 이익을 위해 기여합니다.

에버리 덜레스, 『교회의 모델』 中

06

—

현실과 이상의 간극을 주의하기

저는 교회에 가기로 마음먹은 이들, 그리고 교회에 계속 다니고자 하는 이들을 응원합니다. 교회에 가는 것은 그만한 가치가 있습니다. 하지만 사람들이 실망하고 낙담할 만한 부분도 있음을 부정할 수는 없습니다. 여전히, 현실과 이상에는 엄연한 간극이 있습니다. 이 장에서는 그 간극에 주의하라는 당부를 남기고자 합니다. 존 V. 테일러John V. Taylor 주교는 어느 일요일 아침 스무 살을 조금 넘긴 자기 아들에게 교회에 같이 가자고 권유해 함께 갔다 왔습니다. 그런데 교회에 갔다 온 후 그의 아들은 다시는 교회에 가고 싶지 않다고 말했습니다. "처음에는 모든 게 괜찮아 보였어요. 신부님은 지극히 옳은 말을 했지요. 하지만 그 말은 허공에 떠다니는 것 같았어요. 피부에 와 닿지도 않았죠. 말을 하는 신부님조차 자신의 말을 믿지 않는 것 같았고 실천하려는 의지도 없어 보였어요." 교회에 가기로 마음먹고 몇몇 교회를 찾아다녔지만 이내 실망한 이들, 가나안 성도로 살다가 다시 교회를 찾아갔으나 몇 주 뒤에 결국 교회를 떠나는 사람들이 많다는 건 서글픈 일입니다. 이런 분들에게 몇 가지 당부하고자 합니다.

1. 완벽한 교회는 없습니다. 교회와 관련해 오래된 금언이 있습니다.

> 당신이 완벽한 교회를 찾는다면 그 교회에는 가지 않는 것이 좋다. 당신이 그 교회를 망칠 것이기 때문이다.

우리는 모두 결함을 지닌 인간입니다. 우리는 뒤엉킨 생각과 상처 입은 마음을 가지고 교회를 찾습니다. 교회에 가면 우리는 우리 자신의 혼란과 상처뿐 아니라 타인의 혼란과 상처도 마주합니다. 그리스도의 몸인 교회가 당신을 너그럽게 감싸 안아주기를 바란다면 당신도 그리스도의 상처 입은 몸을 너그러이 대하십시오.

2. 교회는 맛만 살짝 보거나 옆에서 관망하는 구경꾼의 공간이 아닙니다. 여러분은 교회 공동체에 속해서 그곳에서 벌어지는 활동에 참여해야 합니다. 교회의 구성원이 될 때만 온전히 교회를 이해할 수 있습니다. 교회 밖에서 보이는 스테인드글라스는 마냥 아름다워 보일 수도 있고, 반대로 당신의 미감을 거스를 수도 있습니다. 하지만 교회 안에서 스테인드글라스를 바라보면 그 창에 담긴 이야기가 눈에 들어옵니다. 교회 안에서 활동할 때 비로소 우리는 그리스도교 신앙이 머금고 있는 빛을 알아차리고, 예배와 증언, 섬김과 봉사가 지닌 깊이를 체감할 수 있습니다. 교회 안에서 활동할 때만 우리는 교회에서 만난 낯설고도 다양한 사람들이 우리를 위해 하느님께서 보내신 형제자매요, 순례자 무리라는 사실을 알게 됩니다. 그리고 그 모든 이의 삶에 함께하시는 하느님의 섭리를 감지할 수 있습니다.

3. 성직자, 사목자나 교역자와 적극적으로 대화를 나누십시오. 자신이 어떤 신앙의 여정을 걸어 왔는지, 신앙 여정에서 기뻤던 부분이나 슬펐던 부분은 무엇인지 말해보십시오. 궁

금한 점을 물어보십시오. 교회에 새신자를 위한 과정이 있는지, 제자훈련 프로그램이 있는지, 자신에게 적합한 활동이 무엇인지도 알아보십시오. 자신의 역할을 잘 감당하는 성직자나 사목자는 짧은 시간이라 할지라도 당신의 신앙에 도움을 줄 것입니다. 그리고 진실로 그러한 만남은 당신의 삶에 새로운 기운을 불어 넣어줄 것입니다.

4. 교회가 처음인 사람은 규모가 큰 교회나 대성당을 찾는 경우가 많습니다. 이러한 곳에서는 억지로 인간관계에 얽매이지 않아도 된다는 장점이 있습니다. 교회 출석과 동시에 곧바로 교인으로 등록할 필요가 없으며 교회의 모든 행사에 반드시 참여하지 않아도 됩니다. 큰 교회나 대성당은 이러한 압박 없이 온전히 하느님의 현존을 느낄 수 있는 공간을 제공합니다. 오늘날 많은 사람에게는 자신의 내면으로 들어가, 그 모습을 살피고 돌이킬 수 있는 제3의 공간이 필요합니다. 큰 교회나 대성당은 그러한 공간을 마련해 줄 수 있습니다. 처음부터 곧장 교회 활동을 하기가 망설여진다면, 이러한 곳에서 충분한 시간을 가진 다음 교회 구성원으로서의 참여 여부를 결정하는 것도 나쁘지 않습니다. 언젠가 참여하기로 결단한다면 당연히 여러분은 그곳에서 풍성한 예배뿐 아니라

유대감 또한 얻을 수 있을 겁니다.

5. 모든 교회를 하나의 잣대로 평가하지 마십시오. 어떤 교회는 당신에게 맞지 않을 수 있습니다. 심지어 거부감이 드는 교회도 있습니다. 그러나 그것이 곧 모든 교회가 희망이 없음을 뜻하는 건 아닙니다. 또한 사람들이 자신이 원하는 교회를 찾아 이리저리 옮겨 다니는 현상을 마냥 긍정적으로 볼수는 없습니다. '자기'와 '선택'을 강조하는 소비주의가 과도하게 작용한 것일 수 있기 때문입니다. 현실에 있는 교회들은 저마다 각기 다른 특성이 있습니다. 인류학자이자 신학자인 제임스 호프웰James Hopewell은 참여 관찰을 통해 각각의 교회가 지닌 특성을 기초로 하여 교회들을 분류했습니다. 한 가지 특성을 일관하고 고집하는 교회가 있고, 여러 특성 사이에서 적당한 타협점을 찾는 교회도 있으며, 여러 특성 중 한두 가지가 두드러지는 교회도 있습니다. 이러한 관찰을 통해 그가 내린 결론은 사람들은 보통 자신과 비슷한 기질, 특성을 보이는 교회에 끌리는 경향이 있다는 것입니다. 사람들은 자신과 '맞는' 교회를 찾습니다. 또한 그는 특정 교회와 그곳에 다니는 교인들은 일정한 특성을 공유합니다. 다른 사람들은 그것을 보고 '급진적'이라 여길 수도, '버겁게' 여길 수

도, 혹은 그냥 '다르게' 여길 수도 있습니다. 각 유형의 특성
은 아래와 같습니다.

- **지성형**Gnostic type(Gnostic이라는 말을 사용한 건 현명한 일은 아닙
  니다): 이러한 유형에 속한 교회는 꾸준히 앞으로 나아갑니
  다. 이 교회의 신앙은 급격한 변화, 특정 신념, 주목할 만한
  실천으로 나타나지 않습니다. 이 교회 구성원들의 신앙은
  하느님의 선하신 영을 통해 오랜 시간 찬찬히 성숙해 갑니
  다. 교회 활동은 잔잔하나 구조와 체계는 단단합니다. 일시
  적으로 감정이 고양되는 일은 잘 일어나지 않는다 하더라
  도 교회가 가진 리듬과 구조는 교인들의 생활 전반에 지속
  적인 영향을 미칩니다. 큰 변화는 없어 보이지만 일어나는
  일은 결코 작지 않습니다. 언제나 당신의 백성 곁에서 일하
  시는 하느님께서는 이 교회들에 맞게, 긴 시간을 두고 자신
  이 뜻하시는 바를 이루어 나가십니다. 이곳에는 하느님의
  영광을 위하여 오랜 시간 동안 많은 것을 꾸준히 성취해가
  는 온전함과 조화로움이 있습니다.
- **규범형**Canonic type: 이러한 특성을 지닌 교회는 자신들의 모
  든 활동을 시작할 때 성서와 전통을 근거로 합니다. 이러한
  교회는 '권위'를 매우 중시하므로 '성서의 가르침'이나 '교

회의 전통'에 비추어 올바른 활동이 아니라면 한 걸음도 나아가지 않으려는 경향이 있습니다. 교회의 모든 활동은 적정한 구분이 있고 분명한 선이 있습니다. 교인들은 자신이 있어야 할 곳을 알고 있으며 그러한 상황에서 편안함을 느낍니다.

- **은사형**Charismatic type: 이러한 유형에 속한 교회는 성령이 불러일으키는 변화에 열려 있습니다. 성령이 누구를 인도하느냐, 성령이 실제로 무엇을 말씀하시느냐는 논란이 있지만, 이러한 특징을 보이는 교회에서는 하느님께서 살아계시고 움직이시며 '지금, 여기'서 변화를 일으키신다고 믿기 때문에 새로운 방식으로 행동하는 것에 유연하게 반응합니다. 지성형 교회가 보기에 은사형 교회는 때로 황당하게 느껴집니다. 또한 규범형에 속하는 교회가 보기에 이러한 교회는 지나치게 믿음의 경험적인 차원을 강조합니다. 그렇지만 성령에 열려 있다는 것은 언제나 그러한 위험성과 충동을 감수함으로써 새로운 변화를 끌어낸다는 점에 그 장점이 있습니다.

- **경험형**Empiric type: 이러한 유형에 속한 교회는 상식과 실용주의의 가치를 강조합니다. 이러한 교회에 다니는 이들은 현실을 중시하며, 하느님께서 베푸시는 은총과 사랑이 현

실 안에서 발견될 수 있음을 강하게 의식합니다. 이러한 교회에 다니는 이들은 다른 유형에 속한 교회에 다니는 이들과는 사뭇 다른 현실 이해를 갖고 있을 것입니다. 하지만 그렇다고 해서 그들은 다른 사람들이 은사형 교회나 규범형 교회에 다니는 것을 비판적으로 보지도 않을 것입니다. 그들은 모든 교회가 나름의 방식으로 사람들에게 긍정적인 역할을 하고 있음을 인지합니다. 다만 교회 협의회에서 회의를 할 때 그들은 이러한 질문을 던질 것입니다. "현실을 직시합시다." "그 말은 전혀 설득력 있게 들리지 않는군요." "그래서 얼마나 예산을 들여야 한단 말이지요?"

이러한 유형화는 왜 당신이 어떤 교회에서는 불편하고, 어떤 교회에서는 자기 집에 있는 것처럼 편안함을 느끼는지 이해하는 데 도움을 줍니다. 특정 유형 교회에서 교인들은 일정한 문제와 마주했을 때 고유의 방식으로 접근합니다. 만약 특성을 달리하는 사람이 있다면 이러한 모습이 불편하게 다가갈 수 있습니다. 하지만 한 교회에 좋은 자극을 주거나 새로운 시각을 제공하기 위해 그 교회가 보이는 특성과는 전혀 다른 특성, 다른 성격 유형을 지닌 몇몇 사람들이 있다는 건 좋은 일입니다. 그들의 존재는 교회가 타성에 젖지 않도록 막아주며, 지역 교회가 공교회의 일원이라는 관점을 되새기게 해줄 수 있습니다.

저는 당신이 특정 교회에서 상처를 받았다 해서, 실망했다고 해서 전체 교회를 포기하는 일이 없기를 바랍니다. 하느님의 백성은 다채로운 모습을 갖고 있으며 다양한 방식으로 함께 모입니다. 그 모든 일은 하느님의 영광을 위해 이루어지며, 우리가 예상할 수 없는 방식으로 일어납니다. 이 모든 것을 회의적인 시선으로 본다 할지라도 한 가지만큼은 기억하십시오. 하느님께서는 교회보다 무한히 더 크신 분입니다. 생명의 주님과 늘 함께하도록 노력하십시오. 언제나 예수 그리스도를 따라 사십시오. 주님과 동행한다면, 예상치 못한 순간에, 하지만 가장 적절한 순간에 당신이 구성원으로서 보람을 느낄 교회가 당신의 눈앞에 나타날 것입니다.

우리는 교회를 신뢰할 수 있습니다.
교회는 그 누구도 고립되지 않으며
누구도 저 홀로 성장하지 않으며
누구도 홀로 고통을 겪게 하지 않는 가운데
평화를 이루고 평화를 지키기 위해
실천하는 공동체이기 때문입니다.
교회에 속한 삶의 모토는 '타자와 함께'입니다.
'너'없이 '나'는 있을 수 없으며
'우리'없이 내가 있을 수 없습니다.

로완 윌리엄스, 『신뢰하는 삶』 中

근본적인 질문들

'교회란 무엇이며, 왜 교회에 가야 하는가?' 자신의 신앙을 성찰하는 그리스도교인들과 삶의 의미를 찾는 현대인들이 한 번쯤 진지하게 생각해 볼 물음입니다. 늘 변화하는 세상에서 여러 사람과 관계를 맺고 살아가다 보면 다양하고 새로운 상황에 직면하게 됩니다. 자연과학의 발달로 인류는 화려한 문명을 건설했지만 현대인들은 아침저녁으로 일어나는 일상의 소소한 갈등과 다툼으로 마음이 흔들리고, 경제적 어려움이나 사업의 실패 때문에 고통을 겪으며, 때때로 찾아오는 불안과 미래에 대한 두려움으로 지치곤 합니다. 복잡다단

한 삶에서 길을 잃었을 때, 선택의 갈림길에서 고민할 때 수천 년의 역사를 지닌 다양한 종교 전통은 각각 자신의 길을 제시해 왔습니다. 그래서 세계 인구의 80%가 넘는 이가 종교를 갖고 있고, 그리스도교는 그중 31%를 차지하여 약 21억 명의 신자를 가지고 있습니다. 한국 그리스도교는 지난 230년의 역사를 함께해 오면서 이 땅에 뿌리내렸고 격동의 세월을 보내는 동안 이 땅과 서로 깊은 영향을 주고받았습니다. 그리스도교는 이제 더는 외래종교가 아니며, 한국 사회의 한 구성요소가 되었습니다.

한편 고속성장을 하던 한국 교회는 1990년대 초반부터 성장세가 둔화하였고, 현재는 다양한 안팎의 비판에 직면하여 답보상태에 있거나 도리어 쇠락해 가는 듯 보이기도 합니다. 교회의 미래를 위해서나 이 사회의 바람직한 변화를 위해서 교회의 본질을 묻는 것은 매우 의미 있는 일이라 하겠습니다. 예수 그리스도의 삶과 가르침이야말로 진리이며, 그를 따르는 것이 참된 삶이라 믿고, 예수가 선포했던 하느님 나라의 소식을 세상에 애써 전하는 그리스도교인들은 교회에 대해서 더욱 진지하게 물어야 합니다.

교회란 무엇인가

왜 교회에 가야 하느냐는 물음에 답하기 위해서는 먼저 '교회란 과연 무엇인가'를 물어야 합니다. 현존하는 교회들이 칭찬과 호의의 대상이 아니라 비난과 조롱거리, 비판의 대상이 되는 핵심 이유는 교회의 정체성에 대한 바른 인식이 없기 때문입니다. 진정한 앎은 올바른 실천으로 이어지는 것인데, 예수 그리스도가 보여 준 참된 사랑의 모습이 교회에서 드러나지 않는 이유는 교회의 구성원들이 교회란 무엇이며, 교회의 존재 이유가 어디에 있는지를 망각했기 때문입니다. 그렇다면 교회란 무엇일까요?

예수의 삶과 가르침을 담은 복음서에서 '교회'를 뜻하는 헬라어 '에클레시아'ἐκκλησία는 마태의 복음서에서만, 딱 두 번 나옵니다. 그런가 하면 '하느님의 나라'βασιλεία τοῦ Θεοῦ는 공관복음서에만 약 100회 이상이 등장합니다. 프랑스의 로마 가톨릭 신학자 알프레드 루아지Alfred Loisy는『복음과 교회』Evangile et l'Eglise라는 책에서 "예수는 하느님 나라를 선포했는데, 뒤에 온 것은 교회였다."Jesus anunciou a vinda do Reino, mas a que veio depois foi a Igreja라는 말을 하였습니다. 예수 그리스도는 그의 공적 활동(공생애) 동안 교회를 세운 적도 없고, 계획적으로 어떤 선택된 자들의 공동체를 소집하여 제도나 조직을 결성하지도 않았습니다. 열두 남성 제자와 여러 여성 제자, 소외된 이들을 부른 것은 이스라엘의 열두 지파, 즉 하느님 백성 전체를 새롭게 한다는 상징이었습니다. 즉 예수는 우리가 생각하는 교회를 세우려 하기보다 그가 선포한 하느님 나라의 실현을 위해서 일했던 것입니다. 그러나 예수의 죽음을 경험하고 부활을 통해 예수의 현존을 새롭게 체험한 제자들이 다시 모이기 시작하였고, 이렇게 교회는 탄생했습니다. 따라서 교회는 조직이나 제도, 건물 이전에, 예수의 생애와 죽음과 부활을 기억하는 사람들의 모임입니다. 교회는 시대적 상황과 사회적 요구에 따라 변천하여 왔고, 앞으로도 그럴 것입니다.

처음 그리스도인들은 율법이 아니라 예수라는 인격에게서 결정적으로 하느님을 뵈었다는 고백에 근거하여 자신들이야말로 진정한 의미에서 "하느님의 백성"이고, 죽음을 이기고 부활하신 "예수 그리스도의 몸"이라고 명명합니다. 따라서 처음 교회는 세상의 가치나 세속 권력을 따르기보다 하느님의 말씀에 복종하였고(사도 4:19, 5:29 참조), 그리스도의 몸이라는 확고한 정체성을 지니고 예수의 하느님 나라 운동에 헌신하게 됩니다(마태 4:17, 10:1). 따라서 교회는 맘몬과 권력의 노예가 된 세상에 하느님의 공의를 이루고, 전쟁에 반대하고 평화를 지켜내며, 모든 억압에서의 자유를 추구하고, 모든 차별을 배격하고 차이를 존중하며 평등을 실현하려는 하나의 대안적 공동체가 됩니다. 세상 속에 있지만, 세상과 달리 하느님 나라와 뜻을 이루는 공동체로서의 교회는 자신들을 "하느님의 백성", "예수 그리스도의 몸", "성령의 공동체"라고 불러 왔습니다.

교회: 하느님의 백성

교회가 "하느님의 백성"이라는 것은 유대교의 유일신 전통을 이어받은 것으로, 온전히 하느님의 뜻을 받드는 공동체여야 한다는 것입니다. 인간의 이기적 욕심과 잘못된 판단으로 인한 모든 개인적 죄와 사회적 악들을 물리치고, 세속을 넘어서는 더 보편적이며 초월적인 가치를 지향한다는 것을 말합니다.

일부 교회는 종교생활을 현세에서의 출세와 성공, 물질적 축복과 직접 연결함으로써 신앙의 눈으로 본 세계와 삶의 궁극적인 목적과 의미, 보편적 가치 추구를 상실하였습니다. 오늘 필요한 양식에 만족하지 못하고 세속적인 욕망을 채우는 이기적인 탐욕을 신학적으로 그리고 신앙적으로 정당화했고, 물질의 축복을 신앙의 크기와 연결 지음으로써 비윤리적인 방법을 써서라도 결과만 좋으면 하느님의 축복인양 가르쳐 왔기 때문에 맘몬을 섬기는 우상숭배의 길로 들어서게 되었습니다. 하느님이 신자의 삶과 가치의 중심이 아니라 개인의 물질적이고 가시적인 축복을 위한 도구로 전락하게 된 것입니다.

역사적으로 볼 때 한국교회의 기복주의는 무교의 영향과 미국 교회로부터 수입된 소위 "적극적이고 긍정적인 사고방식", 교회 성장주의와 번영 신학의 영향이 한 짝을 이루어 형성되었습니다. 이런 기복주의적인 경향은 한국 전쟁 이후 본격적인 자본주의 도입과 군사 독재 하에서 경제 개발과 새마을 운동을 통하여 그 시대적 정당성을 얻게 됩니다. 이런 과정에서 그리스도교인들은 교회의 예언자적이며 도덕적인 사명을 방기한 채 그리스도교의 신앙 행위를 물질적 부와 현세적 성공을 이루는 주술적 행위로 받아들이고 실행하게 된 것입니다.[1] 교회는 빨리 우상 숭배의 길에서 돌아서서 하느님의 백성으로 돌아와야 합니다.

교회: 예수 그리스도의 몸

---

[1] 이학준, 『한국교회, 패러다임을 바꿔야 산다』(새물결플러스, 2011), p.71~74.

교회의 본질에 대한 둘째 대답은 교회가 "예수 그리스도의 몸"이라는 것입니다. 예수는 교회를 세우지 않았지만, 교회는 '예수가 그리스도시다'라는 고백 위에 즉 예수 그리스도로 인해 생겼습니다. 예수 그리스도의 인격이 교회 공동체의 완성도를 가늠하는 기준이 된다면 교회는 예수가 행했던 가르침과 선교를 오늘의 시대에 재현해야 하는 사명을 갖습니다.

예수는 하느님의 나라 즉 하느님의 통치가 이미 진행되고 있음을 선포하였습니다.[2] 강하고 자애로우신 하느님께서 가까이 오고 계시며, 그분은 우리를 구원하실 것이고, 이 땅에 정의와 평화를 세우실 것이라고 예수는 믿었습니다. 그분이 오시면 모든 가치의 전복이 일어납니다. 인간 취급받지 못하고 무시당하던 사람들이 윗자리를 차지합니다. 예수의 선포를 큰 걸림돌로 생각하는 사람들, 회개하지 않는 자들은 복음의 소식을 받아들이지 않기에 하느님의 나라에서 배제됩니다. 예수는 제자들과 함께 하느님의 통치를 실행하였는데, 남녀 제자들은 모두 자기 가족과 집, 그리고 직업과 마을

---

2 이하 예수의 삶과 가르침에 대한 요약은 아래의 책을 참조하였음. Elizabeth A. Johnson, *Consider Jesus* (New York: Crissroad, 1990), p.49-61. 『예수를 깊이 생각하라』(대한기독교서회 역간)

을 떠나 예수를 중심으로 형제와 자매가 되어 새로운 가족공동체를 형성합니다. 예수는 그 당시 사회의 주변부로 내몰린 사람들의 편에 섰습니다. 그는 죄인들과 교류했으며, 그들에게 용서를 베풀었을 뿐만 아니라, 병자들을 직접 만지면서 병을 고쳤습니다. 또한 병을 죄에 대한 형벌로 보는 신념체계를 부정하였고, 하느님의 능력으로 병자들의 몸과 영혼을 치유하였습니다. 나병이나 다른 병으로 인해 마을에서 추방된 자들을 치유함으로써 그들이 다시금 이웃과 생명력 있는 관계를 맺도록 하였고, 인간을 사로잡은 귀신을 내쫓고 악의 세력과 싸웠습니다.

예수는 제자들뿐만 아니라 여러 사람과 두루 관계를 맺었습니다. 여기에는 죄인들과 세금 걷는 자, 매춘부 등 모든 면에서 하느님의 나라에 어울리지 않아 보이는 이들이 포함됩니다. 예수는 식사 자리를 마련하고 이들과 함께 식탁에 둘러앉아 음식을 나누었습니다. 이들은 예수의 설교를 듣고 난 후, 죄를 용서받거나 병 고침을 받은 후 서로 기뻐하며 빵을 나눴습니다. 사람들은 새로운 공동체 속에서 예수는 물론이고 결코 함께 앉게 되리라고 생각지 못했던 사람들과 한 식탁에 앉아있는 자신들을 발견했습니다. 그리고 마음 깊은 곳에서 우러나는 기쁨을 느꼈습니다. 하느님 앞에서 자신의 존

엄성을 되찾았고 공동체 안에서 새로운 평화를 누릴 수 있었기 때문입니다. 서로 사랑함으로 참된 자신을 회복하는 경험 속에서 그들은 하느님 나라를 맛보았습니다.

하느님께서 통치하는 세상은 구약의 약속을 성취하는 것이며, 예수는 하느님 사랑과 이웃 사랑에서 율법의 완성을 보았습니다.

> 네 마음을 다하고 목숨을 다하고 뜻을 다하여
> 주 너의 하느님을 사랑하라.
> 그리고 네 이웃을 네 자신과 같이 사랑하라. (마태 22:37~39)

예수는 자신을 내어 주는 그 사랑 때문에 때로는 율법학자들과 대치하면서도 스스로 자유롭게 하는 삶을 창조하였고, 하느님 나라를 이루었습니다.

예수는 길어야 3년, 짧게는 겨우 몇 달간의 공적 활동을 하다가 한창 피어나야 할 30대 초반의 나이에 제자와 추종자들에게 배반당하고, 적대자들에게는 조롱과 모욕을 당하고, 인간들에게 버림받은 채, 하느님의 침묵 속에서, 가장 치욕스럽고 잔인한 처형방식으로 죽임을 당했습니다. 하느님과 인간 사이에 어떤 매개물도 필요 없다는 생각이 성전을 중심으로 기득권을 누리던 종교권력자들의 눈에 밉보였고, 식민지를 통해 배를 불리던 로마의 권력에 위험한 인물로 비쳤기 때문이지요.

역사적인 접근에서 볼 때 예수의 죽음은 우연한 사고가 아니라 그의 활동에 따른 대가였습니다. 그는 종교적 지도자들로 대표되는 유대 전통과 충돌했고, 그를 따르는 수많은 무리는 로마 지배하에서 정치적 불안을 내포하고 있던 유대 사회를 위협하는 이들로 보였기 때문입니다. 예수는 사회적 예언자로서 당시의 지배체제에 하느님의 이름으로 도전하였기 때문에 처형당했습니다. 그는 이 세상의 왕국에 반대하였으며, 하느님의 나라에 입각한 대안적인 사회적 비전을 편들었기 때문에 십자가에 달렸습니다.[3]

그러나 이것으로 끝이 난 것은 아니었습니다. 사랑의 하느님께서 예수를 다시 일으켰습니다. 부활은 죽음마저 극복하고, 시간과 공간을 초월한 다른 차원의 존재가 가능함을 가리키는 상징으로 우리의 상상을 뛰어넘는 것입니다. 예수가 부활하지 않았다면 그리스도교인들의 신앙은 헛된 것이 되었을 것이며, 모든 사람 중에 그리스도교인은 어리석은 자

---

3 마커스 보그, 톰 라이트, 『예수의 의미』(한국기독교연구소, 2001), p.153~154.

들이 되었을 것이며, 가장 불쌍한 자들이 되었을 것입니다 (고전 15:17~19). 우리는 부활이 평범한 사람이 아니라 십자가형을 받은 사람에게 일어났음을 기억해야 합니다. 예수는 우연히 십자가에 매달린 것이 아니고, 그가 고집스럽게 행해왔던 활동 때문에 죽었고 그 때문에 부활했다는 사실을 확실히 알아야 하는 것입니다.

교회가 그리스도의 몸이라면 이런 예수의 삶과 가르침을 '지금, 여기'서 재현해야 합니다. 한 마디로 예수의 가르침과 활동은 이것입니다.

예수는 세상을 위해 자신을 내어 주는 삶을 살았다.

사랑이신 절대 타자 하느님으로부터 와서 남을 위해 자신을 내어 주는 삶을 자신의 정체성으로 삼은 사람, 너로부터 시작하여 너를 위한 사랑으로 나 자신이 된 사람이 예수입니다. 따라서 예수를 따르는 교회의 존재 목적은 세상을 위하여 자신을 내어 줌에 있습니다. 교회는 예수가 전하고 실천했던 하느님 나라를 실현하기 위해서 존재합니다.

교회: 성령의 공동체

세 번째 교회에 대한 정의는 '성령의 공동체'입니다. 이것은 교회가 단순히 인간들의 친목 모임이나 이념 공동체로 머물 수 없다는 것을 말합니다. 성령은 무엇보다 예수의 활동을 재현할 수 있도록 공동체 구성원들 곁에서 함께 하시는 분으로 이해할 수 있습니다. 디트리히 본회퍼는 교인들이 예수 그리스도를 사이에 두고 서로 사귄다고 했는데, 이것이야말로 성령의 공동체가 어떤 것인지를 말해 줍니다. 사랑 때문에 자기를 내어 준 예수의 십자가를 기억하며, 죽음보다 강한 사랑으로 공동체 구성원을 대하고, 한 마리 잃은 양을 찾아 나선 예수처럼 한 사람을 향한 사랑 속에서 구체적 보편성을 획득하는 공동체가 성령의 공동체입니다. 교회는 인간의 모임인 동시에 하느님의 영이 활동하시는 공간입니다. 그래서 교회의 구성원은 늘 기도하며, 자신을 넘어서는 초월적 존재 앞에서 자신을 돌아보고 매일 새로운 마음을 지니도록 노력하는 것입니다.

이런 성령의 공동체가 되기 위해 교회의 구성원들은 무엇보다 존재론적 변화를 가져오는 영적 회심을 해야 합니다. 영적 회심이란 그리스도교 신앙의 내용에 대해 바르게 이해하는 지성적 회심과 하느님을 신뢰하고 예수 그리스도의 인격에 자신을 맡기겠다는 감정적 회심이 전제되어야 가능합니다. 머리로 이해되고 마음으로 믿어질 때 우리는 행동하게 되고, 올바른 삶을 살아갈 수 있게 됩니다. 즉 영적 회심은 지성적 회심, 감정적 회심, 도덕적 회심을 포괄하는 것이어야 합니다. 교회는 성령의 공동체로 구성원 서로가 서로에게 끊임없이 거울이 되어 주며 지적/감정적/도덕적 성숙을 포함한 영적 성숙을 가능하게 해 주는 곳이어야 합니다.

교회의 역할: 선교와 희망

'하느님의 백성', '예수 그리스도의 몸', '성령의 공동체'인 교회의 가장 주된 역할은 '선교'Missio입니다. 교회는 자기 보존이나 자기 성장을 위해 존재하는 공동체가 아니라 예수 그리스도께서 기도하시고 선포하셨던 하느님 나라를 이 땅에 일구기 위한 일종의 도구로서 존재합니다. 하느님이 세상을 사랑하셔서 외아들을 보내셨듯이 교회 또한 흩어지는 공동체로 세상을 위한 섬김의 공동체가 되어야 합니다. 선교적 사명을 감당하기 위해 교회는 예배하고, 교육하고, 말씀을 선포하며, 친교를 나누고, 어려운 이웃을 구제합니다.

그러나 무엇보다 교회가 이 모든 활동을 올바르게 하기 위해 교회 구성원인 교인들이 진정으로 예수 그리스도를 진지하게 받아들이고 그분의 삶을 자신의 삶으로 삼는 것이 우선되어야 합니다. 예수는 당대의 문제에 깊이 관여했습니다. 예수의 영성은 철두철미하게 시대의 징표를 읽고 거기에 참여할 때만 발견할 수 있는 무엇입니다. 한 손에는 성서를, 다른 한 손에는 신문을 들라는 신학자 칼 바르트Karl Barth의 말처럼 교회는 예수 그리스도와 세상의 문제를 외면하지 말고 진지하게 대해야 할 것입니다.

교회에 대한 세상의 노골적인 비판은 그리스도교인들의 마음을 아프게 합니다. 비판의 종류도 다양합니다. 도덕적 타락, 반문화적이고 비사회적인 행태, 세속적이고 제 잇속만 차리는 장사치의 모습, 배타적이고 독선적인 모습, 권력을 향한 세속적 욕망, 내세적이고 영혼에 국한되는 편협한 구원관, 목회자의 권위주의와 비민주적 교회운영 등등. 그러나 교회는 이러한 비판을 도약의 계기로 삼을 수 있습니다. 신앙의 성숙은 철저한 자기성찰을 통해서만 가능하기 때문입니다.

무엇보다 교회는 하느님의 계획 속에서 탄생한 것입니다. 그래서 우리는 우리의 교회가 얼마나 소중한 것인지를 깨달아야 합니다. 교회는 부패를 막는 소금이고, 어두운 세상의 빛이며, 희망의 촛불입니다. 교회는 분명히 개개인의 인생

여정에서 소중한 동반자가 될 수 있습니다. 삶을 살아가는 데 일정한 틀을 제공해 줄 뿐만 아니라, 시시하고 평범한 문화로 가득한 이 시대에 도덕적 진지함과 삶의 의미와 존재의 가치를 느끼게 해줍니다. 교회는 종교적 인간의 영적 갈망을 채워주며 궁극적으로 하느님과 교감할 수 있도록 해주는 거룩한 공간입니다. 교회가 예수 그리스도의 삶과 가르침이라는 복음의 뿌리로 돌아가 하느님 나라를 이루기 위한 노력을 기울인다면 우리는 언제든 세상 사람들을 교회로 초청할 수 있을 것입니다.

| 함께 읽어볼 만한 책 |

1. 신학

- **신뢰하는 삶**, 로완 윌리엄스 지음, 김병준 · 민경찬 옮김, 비아, 2015.
- **그리스도 신앙**, 요셉 라칭어 지음, 장익 옮김, 분도출판사, 2007.
- **칼 바르트 교의학 개요**, 칼 바르트 지음, 신준호 옮김, 복 있는 사람, 2015.
- **교회란 무엇인가**, 한스 큉 지음, 이홍근 옮김, 분도출판사, 1978.
- **교회**, 한스 큉 지음, 정지련 옮김, 한들출판사, 2007.
- **교회란 무엇인가**, 레슬리 뉴비긴 지음, 홍병룡 옮김, IVP, 2010.
- **교회의 모델**, 에버리 덜레스 지음, 김기철 옮김, 한국기독교연구소, 2003.
- **삼위일체와 교회**, 미로슬라브 볼프 지음, 황은영 옮김, 새물결플러스, 2012.
- **교회됨**, 스탠리 하우어워스 지음, 문시영 옮김, 북코리아, 2010.
- **신약성서의 교회**, 다니엘 헤링턴 지음, 김동수 옮김, 대한기독교서회, 2007.

2. 교회의 역사

- **3천년 기독교 역사** 1,2,3, 디아메이드 맥클로흐 지음, 박창훈,배덕만, 윤영훈 옮김, CLC, 2013.

- **세계 교회사 여행** 1,2, 장 콩비 지음, 노성기, 이종혁 옮김, 가톨릭출판사, 2012.

- **교회사 I,II/1, II/2**, 에른스트 다스만 지음, 하성수 옮김, 분도출판사, 2007,2013,2016.

- **초대교회사**, 헨리 채드윅 지음, 박종숙 옮김, 크리스천다이제스트, 1999.

- **중세교회사**, R.W.서던 지음, 이길상 옮김, 크리스천다이제스트, 1999.

- **종교개혁사**, 오언 채드윅 지음, 서요한 옮김, 크리스천다이제스트, 1999.

- **근현대교회사**, 제랄드 크랙,알렉 비들러 지음, 송인설 옮김, 크리스천다이제스트, 1999.

- **한국 기독교의 역사** 1,2,3, 한국기독교역사학회 지음, 기독교문사,한국기독교역사연구소, 2009,2011,2012.

- **한국 교회의 역사**, 서정민 지음, 살림, 2003.

- **한국가톨릭의 역사**, 서정민 지음, 살림, 2017.

3. 공동체

- **예수는 어떤 공동체를 원했나?**, 게르하르트 로핑크 지음, 정한교 옮김, 분도출판사, 1985.

- **성도의 공동생활**, 디트리히 본회퍼 지음, 정현숙 옮김, 복 있는 사람, 2016.

- **인간의 본성과 공동체들**, 라인홀드 니버 지음, 오희천 옮김, 종문화

사, 1999.

- **공동체와 성장**, 장 바니에 지음, 성찬성 옮김, 성바오로출판사, 1999.
- **영혼을 세우는 관계의 공동체**, 래리 크랩 지음, 김명희 옮김, IVP, 2013.
- **진정한 그리스도인의 교제**, 존 하워드 요더 지음, 임요한,최태선 옮김, 대장간, 2017.
- **공동체로 산다는 것**, 크리스틴 폴 지음, 권영주,박지은 옮김, 죠이선교회, 2014.
- **공동체로 사는 이유**, 에버하르트 아놀드 지음, 안정임 옮김, 예수전도단, 2012.
- **다시, 그리스도인 되기**, 조너선 윌슨하트그로브 지음, 손승우 옮김, 비아, 2016.
- **얼마나 좋은가 한데 모여 사는 것**, 이종연 지음, 올리브북스, 2011.

4. 예배

- **세상에 생명을 주는 예배**, 알렉산더 슈메만 지음, 이종태 옮김, 복 있는 사람, 2008.
- **고귀한 시간 '낭비'**, 마르바 던 지음, 김병국 · 전의우 옮김, 이레서원, 2007.
- **하나님 나라를 욕망하라**, 제임스 K.A. 스미스 지음, 박세혁 옮김, IVP, 2016.
- **묻고 답하는 예배학 cafe**, 조기연 지음, 대한기독교서회, 2009.
- **예배, 신비를 만나다**, 네이선 D. 미첼, 안선희 옮김, 바이북스, 2014.
- **예배 돋보기**, 안선희 지음, 바이북스, 2011.
- **하나님 나라의 성찬**, 알렉산더 슈메만 지음, 김아윤,주종훈 옮김, 새

세대, 2012.

- **예배 이론, 예배실천**, 안선희 지음, 바이북스, 2013.
- **일치의 성사**, 발터 카스퍼 지음, 조규만,조규홍 옮김, 분도출판사, 2013.
- **그리스도인이 된다는 것**, 로완 윌리엄스 지음, 김기철 옮김, 복 있는 사람, 2015.

5. 설교

- **다시 설교를 디자인하라!**, 아힘 헤르트너, 홀거 에쉬만 지음, 손성현 옮김, KMC, 2014.
- **텍스트가 설교하게 하라**, 월터 브루그만 지음, 홍병룡 옮김, 성서유니온선교회, 2012.
- **증언하는 설교**, 토마스 롱 지음, 이우제, 황의무 옮김, CLC, 2006.
- **영혼을 살리는 설교**, 유진 피터슨, 마르바 던 지음, 이승진 옮김, 좋은 씨앗, 2008.
- **존 스토트의 설교**, 존 R. 스토트, 그레그 샤프 지음, 박지우 옮김, IVP, 2016.
- **설교란 무엇인가**, 정용섭 지음, 홍성사, 2011.
- **우리 목사님은 왜 설교를 못할까**, 데이비드 고든 지음, 최요한 옮김, 홍성사, 2012.
- **속 빈 설교 꽉찬 설교**, 정용섭 지음, 대한기독교서회, 2006.
- **설교와 선동 사이에서**, 정용섭 지음, 대한기독교서회, 2007.
- **설교의 절망과 희망**, 정용섭 지음, 대한기독교서회, 2008.

6. 선교 및 전도

- **전도의 유산**, 김선일 지음, SFC출판부, 2014.

- **세상을 놀라게 하라**, 마이클 프로스트, 오찬규 옮김, 넥서스 CROSS, 2016.

- **새로운 전도가 온다**, 존 피니 지음, 한화룡 옮김, 비아, 2014.

- **냅킨 전도**, 제임스 정 지음, 이지혜 옮김, IVP, 2009.

- **신앙의 미로를 항해하며**, 마이클 그린 지음, 노기선 옮김, 서로사랑, 2003.

- **변화하는 선교**, 데이비드 J.보쉬 지음, 김만태 옮김, CLC, 2017.

- **하나님 백성의 선교**, 크리스토퍼 라이트 지음, 한화룡 옮김, IVP, 2012.

- **하나님의 선교**, 크리스토퍼 라이트 지음, 정옥배,한화룡 옮김, IVP, 2010.

- **초대교회의 복음전도**, 마이클 그린 지음, 홍병룡 옮김, 복 있는 사람, 2010.

- **바울의 선교 vs 우리의 선교**, 롤런드 앨런 지음, 홍병룡 옮김, IVP, 2008.

7. 공적 신앙

- **배제와 포용**, 미로슬라브 볼프 지음, 박세혁 옮김, IVP, 2012.

- **광장에 선 기독교**, 미로슬라브 볼프 지음, 김명윤 옮김, IVP, 2014.

- **기독교 정치학**, 존 H. 레데콥 지음, 배덕만 옮김, 대장간, 2011.

- **자본주의 혁명**, 헬무트 골비처, 윤웅진 옮김, 한국신학연구소, 1992.

- **교회, 국가, 공적 정의 논쟁**, 클락 E.코크란 등 지음, 김희준 옮김, 새

물결플러스, 2017.

- **기독교와 자본주의의 발흥**, R.H.토니 지음, 고세훈 옮김, 한길사, 2015.

- **기독시민의 사회적 책임**, 윌리엄 템플 지음, 김형식 옮김, 한반도국제대학원대학교, 2010.

- **사회적 하나님**, 케네스 리치 지음, 신현기 옮김, 청림출판, 2009.

- **하나님의 나그네 된 백성**, 스탠리 하우어워스, 윌리엄 윌리몬 지음, 김기철 옮김, 복 있는 사람, 2008.

- **해방신학**, 구스타보 구띠에레즈 지음, 성염 옮김, 분도출판사, 1977.

8. 교회개혁

- **새로운 종교개혁**, 매튜 폭스, 김영명, 문희춘 옮김, 코나투스, 2010.

- **예수 정신에 따른 기독교 개혁**, 돈 큐피트 지음, 박상선 옮김, 한국기독교연구소, 2006.

- **신학이 변해야 교회가 산다**, 필립 클레이튼 지음, 이세형 옮김, 신앙과지성사, 2012.

- **그리스도교, 부르주아의 종교인가 민중의 종교인가**, 요한 밥티스트 메츠 지음, 이석규 옮김, 2015.

- **오늘을 사는 그리스도인**, 한스 큉 지음, 분도출판사 편집부 옮김, 분도출판사, 1982.

- **기독교를 생각한다**, 브라이언 맥클라렌 지음, 정성묵 옮김, 청림출판, 2011.

- **참으로 해방된 교회**, 하워드 A.스나이더 지음, 권영석 옮김, IVP, 2005.

- **교회를 교회되게**, 백소영 지음, KMC, 2014.

- **건강한 교회, 이렇게 세운다**, 류지성,배종석,양혁승 지음, IVP, 2008.
- **교회 속의 세상, 세상 속의 교회**, 김두식 지음, 홍성사, 2010.

9. 가나안 성도

- **가나안 성도, 교회 밖 신앙**, 양희송 지음, 포이에마, 2014.
- **교회 안 나가는 그리스도인**, 정재영 지음, IVP, 2015
- **시민 K, 교회를 나가다**, 김진호 지음, 현암사, 2012.
- **종교 없음**, 제임스 에머리 화이트 지음, 김일우 옮김, 베가북스, 2014.
- **처치리스**, 조지 바나, 데이비드 키네먼 지음, 장택수 옮김, 터치북스, 2015.
- **청년들은 왜 교회를 떠나는가**, 데이비드 키네먼 지음, 이선숙 옮김, 국제제자훈련원, 2015.
- **우리의 사랑이 의롭기 위하여**, 백소영 지음, 대한기독교서회, 2005
- **김교신의 철학: 사랑과 여흥**, 양현혜 지음, 이화여자대학교출판문화원, 2013.
- **무교회주의자 우치무라 간조**, 스즈키 노리히사 지음, 김진만 옮김, 소화, 1995.
- **우리는 무엇을 믿는가**, 김형석 지음, 홍림, 2017.

10. 선교적 교회

- **다원주의 사회에서의 복음**, 레슬리 뉴비긴 지음, 홍병룡 옮김, IVP
- **선교형 교회**, 잉글랜드 성공회 선교와 사회문제 위원회 지음, 브랜든 선교 연구소 옮김, 비아, 2016.

- **선교적 교회**, 대럴 구더 지음, 정승현 옮김, 주안대학원대학교출판부, 2013.

- **교회 DNA**, 하워드 A.스나이더 지음, 최형근 옮김 IVP, 2006.

- **증인으로의 부르심**, 대럴 L. 구더 지음, 허성식 옮김, 새물결플러스, 2016.

- **일상 교회**, 팀 체스터, 스티브 티미스 지음, 신대현 옮김, IVP, 2015.

- **매력적인 교회**, 그레이엄 톰린 지음, 주상지 옮김, 서로사랑, 2008.

- **위험한 교회**, 마이클 프로스트 지음, 이대헌 옮김, SFC출판부, 2009.

- **보냄 받음**, 킴 햄몬드, 대런 크론쇼 지음, 이근수,황병배 옮김, 올리브나무, 2015.

- **성육신적 교회**, 마이클 프로스트 지음, 최형근 옮김 새물결플러스, 2016.

교회

– 왜 교회에 가야 하는가? 교회는 무엇을 위해 존재하는가?

초판 발행 | 2017년 4월 30일

지은이 | 존 프리처드
옮긴이 | 한문덕

발행처 | ㈜타임교육
발행인 | 이길호
편집인 | 김경문
편 집 | 민경찬
검 토 | 박용희 · 박현철
제 작 | 김진식 · 김진현
재 무 | 장무창 · 강상원
마케팅 | 이태훈 · 방현철
디자인 | 손승우

출판등록 | 2009년 3월 4일 제322-2009-000050호
주 소 | 서울시 성동구 성수동2가 281-4 푸조비즈타워 5층
주문전화 | 02-3480-6627
팩 스 | 02-395-0251
이메일 | via@t-ime.com

ISBN | 978-89286-3800-0
ISBN(세트) | 978-89-286-2921-3 04230
한국어판 저작권 ⓒ 2017 ㈜타임교육